RADIUS BÜCHER

Traugott Giesen

Vater unser in Ewigkeit. Amen

42 An-Reden

Die Deutsche Bibliothek – CIP-Einheitsaufnahme

Giesen, Traugott:
Vater unser in Ewigkeit, Amen: 42 An-Reden /
Traugott Giesen. – Stuttgart: Radius-Verl., 1993
ISBN 3-87173-860-3

ISBN 3-87173-860-3

Umschlag: Dieter Kurzyna
Autorenfoto: Walter Neusch
Gesamtherstellung: Clausen & Bosse, Leck
Printed in Germany

Mutter unser, die du
bist im Himmel.

Georg Christoph Lichtenberg

»Vater unser in Ewigkeit.
Amen« – da ist alles drin.

Heinrich Albertz

Du, Herr, bist unser Vater;
»Unser Erlöser«, das ist
von alters her dein Name.

Jesaja 63, 16

Ich und der Vater sind eins.

Johannes 10, 30

Es ist eine Musik in der Welt, die reines Gebet ist, die Strömen zwischen den Polen hin und her bereitet und mich fließen macht und mitnimmt in ewig Gutes. Auch Schönheit, Bilder der Natur und der Kunst können uns die Seelensprache lehren.

Aber zuinnerst ernährt sich die Seele von Worten. Das Wort von Ich zu Du: Ich liebe dich. Und das Wort vom Ich zu unser aller Du, zu Gott: Vater unser, mütterlicher, väterlicher Lebensgrund, der du unser aller Horizont bist, Liebe, gib mir von dir ab. Du hältst mich.

Jeden Tag vom Vaterunser eine Bitte mir in Leuchtschrift innen ins Gehirn schreiben; jeden Tag von diesem siebenfach gezwirnten Lebensfaden mir ein Stück Halt nehmen, und meine Zwiesprache mit Gott gewinnt Klarheit und Trennschärfe. Unser Leben gewinnt Klang und Farbe dieses sprühenden Jesus. Der war furchtlos, ständig in Schwierigkeiten und unsagbar glücklich, weil er im Gespräch war, das niemals endet.

Erklär mir Beten, fragte einer den jüdischen Weisen, und er: Erklär mir Atmen. Beten ist Atmen der Seele. Wir tun es, es tut's mit uns.

Traugott Giesen

Inhalt

Vater unser

Vater unser

Vielfältig, unermeßlich sind die Schreie, das Flüstern nach dem großen Du. Menschen röcheln und stammeln, jubeln und dichten sich hin zum Herz der Welt. Wir danken und klagen dem Einen, dem Fluchtpunkt unseres Denkens und Fühlens. Was wir an Sinn erkennen, sind nur kleine Strudel von Zusammenhang. Sie kommen und gehen, lösen sich auf, bilden sich neu. Aber der Hintergrund dieser Sinnballen ist der Ganze, mütterlicher, väterlicher Lebensgrund. Wenn wir zu reden aufhören, spricht er weiter mit uns. Ehe wir zu sein anfangen, war immer schon Er. Wir müssen Ihn denken. Sonst würden wir unser Denken enthaupten. Letzten Endes immer Er. Wir kommen und gehen von Ihm, in Ihm, zu Ihm.

Aber warum »Ihm«, »Er«? Warum Vater? Das größte Wort der Menschheit, »Gott«, ist maskulin besetzt und noch doppelt männlich geschärft durch den »Sohn«. Auch die geläufigen Titel: Herrscher, Schöpfer, Richter, Weltenlenker klingen herrisch.

Diese männliche Tönung entspricht dem Bild von Gott, wie es sich den Menschen zu biblischer Zeit eingeprägt hat und wie es wohl von Michelangelo in der Sixtinischen Kapelle endgültig gemalt wurde: Gott – ein weißer, muskulöser, prächtiger Renaissance-Mann. Wer denkt schon noch daran, daß Michelangelo gar nicht Gott abbilden, sondern die huldvolle Beziehung Gottes zum Menschen zeigen wollte? Nicht wie Gott aussieht, sondern wie Gott fühlt, was er tut, was er zusagt, können Bibel und Kunst beschreiben, bebildern. Nur – was nützen Warntafeln und Gebote: »Du sollst dir kein Bildnis machen!« (2. Mose 20,4)? Unsere Seele träumt ja in Bildsprache von Gott. Und wenn wir sagen: »Gott hört«, dann sehen wir Ohren vor uns, obwohl wir wissen, daß Gott nicht Ohren haben muß. Er ist das Ohr, das Hören der Welt.

Die Bibel strotzt von Bildern, die uns Menschen abgeguckt sind: Gott ergeht sich im Garten, Gott macht den aus dem Paradies Vertriebenen Kleider, der Herr ist mein Hirte. Daneben steht aber auch: Gott ist Sonne und Schild, Schutz, Schirm. Gott zieht als Feuersäule vor Israel her, spricht mit Mose im sich nicht verzehrenden Dornbusch. Zeichen aus der Natur und dem Menschlichen stehen für Gott. Weiblich getönte Bilder sind rar, aber wegweisend: »Ich will euch trösten, wie einen seine Mutter tröstet«, heißt es bei Jesaja (66,13) und im ersten Bibelkapitel: »Der Geist Gottes schwebte auf dem Wasser.« (1. Mose 1,2)

Was in Luthers Deutsch so männlich klingt, ist im hebräischen Urtext die »ruach«, die Seele Gottes. An den späten Rändern des Alten Testamentes taucht die Sophia auf, die Weisheit Gottes, als Tochter an seiner, ihrer Seite.

Schon im Alten Testament ist neben den Schöpfer- und Herrscherqualitäten Gottes sein Erbarmen typisch. Das hebräische Wort dafür heißt »rächam« und bedeutet Mutterleib. Im Innersten ist der Gott der Bibel mütterlich. Sein Werben, sein Erziehen, sein immer wieder den Ungehorsamen Nachgehen, sein Vergeben ist im Rollenmuster eindeutig weiblich besetzt.

Die Geschichte vom verlorenen Sohn (Lukas 15) redet zwar vom Vater, aber dieser Vater ist bis ins tiefste mütterlich: Er läuft dem abgerissenen, vermißten Sohn entgegen, fällt ihm um den Hals, küßt ihn, kleidet ihn neu ein, steckt ihm den schönsten Ring an den Finger, schlachtet das Mastkalb, richtet das Fest aus. Und später, als der ältere

Bruder zornig dem Fest fernbleibt, geht der Vater hinaus und bittet ihn um Frieden. – Jesus hat die weiblichen, mütterlichen Seiten im Gottesbild so intensiv gemalt, daß die harten, ausgrenzenden Seiten, die im Klischee männlichen, übertönt werden.

Daran ist ja Jesus auch gestorben. Die Theologen hielten damals Jesu gute Nachricht vom Gott der Liebe für gefährliche, lästerliche Träume.

Aber wir dürfen glauben, daß Gott so ist, wie Jesus es sagte und vorlebte; ja, daß Gott in diesem Jesus selbst auf Erden liebte, litt und sich verstoßen ließ und so die Schneise schlug hin zum mütterlichen, väterlichen Gott. Der uns ins Leben gerufen hat, holt uns im Sterben in seinen Mutterschoß zurück.

Nicht daß sich Gott erst im Laufe der Zeit zum Liebenden hinerzogen hätte; nur seine Kenntlichmachung und unsere Wahrnehmung hat Geschichte und entwickelt sich. Wie im Zeitraffer beschreibt das Johannes-Evangelium im ersten Kapitel die Selbstoffenbarung Gottes bis hin zu Jesus: »Im Anfang war das Wort, und das Wort war bei Gott, und Gott war das Wort. Dasselbe war im Anfang bei Gott. Alle Dinge sind durch dasselbe gemacht... In ihm war das Leben, und das Leben war das Licht der Menschen. Und das Licht scheint in die der Finsternis, und die Finsternis hat's nicht begriffen... Und das Wort ward Fleisch und wohnte unter uns, und wir sahen seine Herrlichkeit, eine Herrlichkeit als des eingeborenen Sohnes vom Vater, voller Gnade und Wahrheit... Er kam in sein Eigentum...«

Nicht »am Anfang«, »am Start«, sondern es heißt »en arche«: »im Ursprung«. Vom Start geht man weg, der Ursprung bleibt bei einem. Der Ursprung der Dinge setzt hinüber in jede Gegenwart. Im Ursprung das Wahre, das Wort.

Bevor wir ein Wort hörten, haben wir Klänge gehört: das Rauschen des Blutkreislaufes von Mutter, das Klopfen des Herzens, Klänge, Donner, Groll, die Welt voller Klang. Unendlich mehr als nur Klang ist das Wort. Es ist Macht, die sich mitteilt. Jedenfalls, wenn Gott sprach: »Es werde Licht«, dann ward es Licht. Wort als intensive Form von Identität: »Gib mir dein Wort«, dich selber, dein Zugehören gib mir. Mittels Wort geschieht das »Empfangen vom Heiligen Geist« – begnadete Künstler malten Maria, die hörend schwanger wird. Auch wir kommen zu uns selbst, indem Vater und Mutter uns ansprechen mit unserem Namen. Das Wort macht uns zum einzelnen, der Ruf uns zum Gemeinten.

»Im Ursprung das Wort, und Gott ist das Wort« – dies kann bedeuten: Im Ursprung wesentlich ist Gott das »Sich-ausdrücken-Wollen«, »Anreden-Wollen«, »In-ein-Gespräch-Ziehen«. Ein Stückchen Unterschied zwischen Gott und seinem unbedingten Willen zur Kommunikation bleibt. Aber es gilt: Gott ist der Sinnraum des Wortes, ist Hintergrund aller Verständigung.

Wir müssen viel reden, um uns verständlich zu machen: »Unsere Wörter sind ja nur meist mißlungene Purzelbäume.« (Robert Walser) Aber – Gott ist das Verständlichmachen, Gott ist in der Substanz das Hinübergehen zum anderen, das Sich-im-anderen-wiederfinden-Wollen. Daß Gott sich im anderen wiederfinden will, ist wohl das Geheimnis der Schöpfung. Er will sich noch einmal erleben, will in den Gefühlen und Empfindungen von seinesgleichen sich selbst zusammensetzen. Wie ein Großvater, eine Großmutter beim Betrachten der Enkel sich selber wiederfindet, so möglicherweise auch Gott. Er setzt sich zusammen aus den Geschichten, die er mit uns erlebt.

Verstehen und Verstanden-werden-Wollen ist von Anfang an bei Gott, und alle Dinge sind dadurch gemacht, sind durch das Wort gemacht, durch den Willen, hinüberzusetzen in ein anderes. In Ihm war das Leben, und das Leben war das Licht der Menschen. Dieses Wort, dieser Wille, im anderen zu verkehren, im anderen sich zu inszenieren, mit anderem ein Ganzes zu machen, ist das Leben, ist das Licht der Menschen. Dieses Licht macht dich unendlich wichtig, weil Gott dich anspricht. Alles, was du erlebst, ist Ansprache. Und alles, was du tust, ist Antwort an Gott.

Das Licht scheint in der Finsternis. Wir suchen die Finsternis zu erleuchten durch unser tastendes Kommunizieren. Wir suchen am andern Halt, wollen ihn als Pfand, daß wir gewollt seien. Das Licht scheint in der Finsternis; in allen Versuchen von Verständigung flackert dieser Gottes-Wille auf. Aber die Finsternis hat's nicht begriffen, hat so oft nicht begriffen. Wir sind zu sehr damit beschäftigt, durchzukommen, irgendwie und uninteressiert an hohen Gedanken. Finster ist, daß wir in Drucksituationen immer wieder neandertalerhaft reagieren und sogar auf unseren Liebsten frontal zugehen, also gerade nicht werbend und gewinnend, nicht wortmäßig, sondern konfrontierend und zwingend.

Die Finsternis hat's nicht begriffen.

Das Wesen der Schöpfung ist Kommunikation; »communio« heißt: einverstanden sein, in einem Gemeinsamen stehen. Gott hat so viel versucht, uns dies zu lehren. Das Bemühen um einen bewußten Menschen ist sicher 100000

Jahre alt, und die Vorgeschichte des Jesus, die wir »Altes Testament« nennen, ist ja nur ein Ausschnitt davon, wie Gott mit Menschen redet und sie auftut als seine der Freundschaft fähigen Menschen. Entscheidend lichtet Gott die Finsternis, indem das Wort Fleisch wird... »Und wir sahen seine Herrlichkeit, eine Herrlichkeit als des eingeborenen Sohnes, vom Vater voll Gnade und Wahrheit«, sahen, hörten davon, daß Gott selber Mensch wird, daß Gott selber noch einmal erscheint als sein intensivstes Ohr und seine intensivste Sprache, daß Gott sich völlig identifiziert mit einem Teil seiner Schöpfung und diese Schöpfung so sehr auf sich bezieht, daß die Christen nachher das Bild dafür gefunden haben: Gott zeugt diesen Jesus und ist es in Person. Dieser Jesus ist die konzentrierteste Form von gelungener Schöpfung. Was für Jesus gilt, dürfen wir dann auf uns selbst beziehen: er, der Erstgeborene unter vielen Töchtern und Söhnen; er, das Wort Gottes, und wir, die vielen kleinen Wörter in seinem Schlepp, die, weil er uns anspricht und weil wir in ihm münden, zu seinem Gedicht werden.

Ob wir dieses ganze Gedicht Menschheit erleben, ob wir mithören, wie Gott mit uns kommuniziert, jetzt und auch erst recht, wenn unser Gehirn verfallen ist, unser Leib wieder zu Asche geworden ist – laßt es uns dem überlassen, der das Wort ist. Und mit wem Gott geredet hat, im Zorn oder in Gnade, sagt Luther, der ist gewiß unsterblich. Mit wem Gott einmal geredet hat, wem Gott einmal das Wort gegeben hat, der ist ewig Gottes Kind, Erbe, Tochter, Sohn.

Wie Gott bei sich selbst ist, auch das bleibt uns verborgen bis später.

Absurd wäre es, wenn wir an Gottes Seite eine Göttin phantasierten und damit unsere menschliche Paar-Situation auf ihn übertrügen. Mit Jesus dazwischen wäre dann die typische »Kleinfamilie Gott« im Himmel etabliert. Daß unsere menschliche Phantasie dies fertigbringt, sieht man ja an der Emporstilisierung Marias zur Himmelskönigin. Aber Gott ist der, die, das Ganze, das ganz Andere. Unser Männliches, Weibliches ist als Ausprägung unserer Charaktere Gottes Erfindung. Eins der Zentralworte der Bibel – »Gott schuf den Menschen sich zum Bilde als Mann und Frau« (1. Mose 1,27) – meint nicht, daß wir Mann und Frau in Gott zurückspiegeln sollen. Eher ist gemeint, daß Gott als liebender Grund des Lebens, eben weil er liebt, das Gegenüber will. Dies Gegenüber – seine Menschheit, seine Menschen – aber hat er geschlechtlich differenziert, um das Gegenübersein von Gott und Mensch wiederum im Menschen selbst zu verankern. Die geschlechtliche Differenzierung formt über die Maßen kunstvoll unser Halbsein, unser Hälftesein, unsere Ergänzungsbedürftigkeit. Ja, auch Gott ist ergänzungsbedürftig. Weil er Liebe ist, ist er nicht autark. Aber Gott ein weibliches Pendant anzudichten, würde seine Schöpfung als Gottes Gegenüber entwichtigen und Gott einseitig aufs Männliche fixieren. Darum ist es nicht ratsam, zu Gott als »Vater und Mutter im Himmel« zu beten.

Sicher ist der große Titel »Vater« verdorben durch tausend unväterliche Erzeuger und gehorsame Schergen und von Frauen zur Karriere gehetzte Männer. Doch das Wort »Vater« durch das Wort »Mutter« zu ersetzen, würde das Dilemma nicht verbessern. Wie viele Frauen haben unter ihren Müttern gelitten, und wie viele Söhne sind auch als Erwachsene immer noch auf der Flucht vor ihrer Mutter! Je nachdem, ob uns persönlich Vater oder Mutter die Liebe beibrachte und nicht die Angst, können wir persönlich Gott »Vater« oder »Mutter« nennen. Aber das Mutterbild ist nicht grundsätzlich so liebevoll geprägt, das Vaterbild nicht grundsätzlich verdorben, daß wir »Vaterunser« ersetzen sollten durch »Mutterunser« oder gar »Elternunser«.

Vater, Sohn

Vielleicht wäre »Gott, mütterlicher, väterlicher Lebensgrund« tauglich zur Benennung des umfassenden, ganzen, ungespaltenen Gottes. Bei dieser Bezeichnung wäre auch Jesus als Sohn Gottes in seiner Substanz erfaßt. Denn diese liegt nicht im Sohnsein, sondern im Kindsein. Nur war damals zu Jesu Zeit das Kind, das zählte, eben ein Sohn. Wir müssen uns darüber klar sein, daß die Bezeichnung »Kind« oder »Sohn« wieder ein Bild gebraucht aus menschlichen Mustern. Bei Jesus geht es nicht um biologische Herkunft, sondern um dichteste Verbundenheit: Gott ist in diesem Menschen wirklich dagewesen. Gott wurde Mensch, nicht Mann. Daß er Mann wurde, ist völlig zweitrangig.

Dramatisch wichtig bleibt, daß der mütterliche, väterliche Lebensgrund uns persönlich da ist als das Gewissen der Welt, als das Ich, dem alles andere Gegenüber ist, als das Ich, das mich zum Du macht, indem es mich anruft: »Fürchte dich nicht, ich habe dich erlöst: ich habe dich bei deinem Namen gerufen, du bist mein.« Dieses Zentralwort (Jesaja 43,1) beruft mich, dich, zum personalen Gegenüber des Weltengrundes. Gott, die Urperson, konstituiert mein Ich. Ich Nußschale auf großem Meer bin gewürdigt, weil

Gott von sich etwas in mir unterbringt und wiederfindet. Er ruft mich in Verantwortung vor sich. Daß Gott mich kennt, macht mich zum Individuum, verhindert, daß ich nur Nummer, nur Zahnrädchen, nur biologisch-physikalisches Gewebe bin, zum alsbaldigen Verbrauch bestimmt.

Natürlich sind irdische Eltern dazu bestimmt, ihren Kindern dieses Selbstbewußtsein, mit dem wir schon zur Welt kommen, zu bestätigen und es zu entfalten: Ich bin nicht Krümel unter Menschenmassen, sondern bekannt, genannt, gewollt, gefunden. Doch jede noch so schmutzige, lädierte Münze Selbstbewußtsein ist ausgegeben von der großen Bank, »Gott« genannt.

Gott macht zur Person

Die asiatischen Religionen sehen Gott eher allumfassend, wie Luft, wie Wasser, und uns Menschen als Partikelchen, namenlos, schicksalslos, verantwortungslos, eher auf Demut angelegt, auf Ent-Ichung. Christlicher Glaube begründet das Ich ewig, eben nicht etabliert durch Vaters, Mutters Gnaden oder von Staats wegen oder von eigener Überheblichkeit her begründet. Weil wir ein ewiges Gegenüber haben, dem wir ewig wichtig sind, sind wir ewig, je persönlich. Wir würden uns selbst entwerten, wenn wir Gott für eine unpersönliche, augenlose Universalkraft eintauschten, von der ich und du nur eine von allem Personsein entkeimte Welle oder Korpuskel wären.

Die Personalität Gottes und des Menschen wird gesichert durch die zentrale Stellung des Jesus Christus. Paulus nennt ihn das »Ebenbild Gottes« (2. Korinther 4,4). Ich will mir Christus die uns zugewandte Seite Gottes sein lassen; das ewige unendliche Geheimnis der Welt hat ein Antlitz und schaut mich an, »leitet mich durch seine Augen«

(Psalm 32,8). Das Personsein Gottes und des Menschen ist die christliche Substanz. Ob wir Gott als »Vater«, als »Mutter«, als »Bruder Christus« anreden, ist uns freigestellt, Hauptsache, wir reden zu ihm/ihr hin und geben Antwort; ja, sind Antwort.

Vater
unser
im
Himmel

Vater unser im Himmel

Wir haben keine bleibende Stadt, sondern die zukünftige suchen wir (Hebräer 13,14). Wir haben in uns einen Schatz an Gewißheit, der nicht am Irdischen klebt. Wir durften das noch lernen, wir wurden noch in dieses Gebet genommen: »Lieber Gott, mach mich fromm, daß ich in den Himmel komm.« Damit ist uns von Anfang an gesagt, daß wir hier auf großer Fahrt sind. Unser Personalausweis, unsere Identität hat zwei Bürgerschaften: Bürger dieser Erde und Himmelsbürger!

Wir wissen unsere Toten uns voraus. Wo sind sie? Wir sagen: »im Himmel«. Wo ist Jesus? Wir sagen: »aufgefahren gen Himmel«. Wo ist Gott? Wir sagen: »im Himmel«. Und unsere Seele weiß, wo das ist. Himmel ist die Heimat bei Gott, ist das Wahre, das Ziel von Mühe und Leid und Tränen und Tod. Himmel ist die Zukunft von Mühe und Leid und Tränen und Tod.

»Der du von dem Himmel bist, alles Leid und Schmerzen stillest. Den, der doppelt elend ist, doppelt mit Erquikkung füllest…« (Johann Wolfgang Goethe) Unsere Seele weiß, von wem die Rede ist. Und es macht nichts, daß Astronomen und Astronauten uns die weiten Räume des Weltalls als ungeheuerlich riesig vermessen. Hunderte Millionen Sterne glitzern im Weltraum, und unser Auge nimmt diese Millionen glitzernde Sterne nur als Stäubchen wahr, wie etwas Milchiges, daher das Wort Milchstraße. Und Millionen solcher Gewebe von Sternen und Sonnen hängen in wohl endlosen Räumen.

Doch wir wissen: es ist für uns mehr bereitet als diese kleine Erde. Wir sind von Erde genommen, aber vom Himmel entworfen. Wir sind mit einer Sehnsucht geeicht, die weit hinaus will. »Über den Wolken muß die Freiheit wohl grenzenlos sein« ist doch kein Lied für die Lufthansa, sondern es ist ein Sehnsuchtslied unserer Flugvogelseele nach Heimkehr und Ganzwerden.

Wenn wir in einer Sommernacht unter Sternen liegen, das Halbrund des Himmelsgewölbes wie eine große bergende Höhle über uns, die Sterne als funkelnde Diamanten an Gottes Hand, Stille, Wärme, Dunkel, Strahlen, dann ist Himmel uns eine Wiese, ein Friedensdach, ist uns Gottes Goldener Grund. Und wir gehören dazu. Kein Wunder, daß wir ins räumliche Denken gezwungene Menschen dort Gott wissen wollen und unsere geliebten Toten.

Dies Bild vom gestirnten Himmel über uns ist auch Spiegelbild unserer Seele. Wir schwimmen wie ein Stern am Himmel in Gott. Wir sehen uns im guten Ganzen geborgen. Himmel ist nicht über uns, sondern wir sind auf Erden im Himmel in Gottes Gewand, in Gottes Hand. Wir sind nicht nur irdische Materie, sondern haben viel Himmel im Kopf, sind viel Gottesschatz. Wir sind einander manchmal auch Himmelsspeise, Licht vom wahren Licht.

Aufgefahren in den Himmel

Jesu Hingang zu Gott ist in biblischen Texten als Auffahrt zum Himmel beschrieben. Das hat »Himmel« als Ort, als Überraum festgeschrieben. Doch gemeint ist: der die Welt vermessen hat auf ihre wahre Bestimmung, der ist zur Rechten Gottes, der ist die Mitte, ja Nabel der Welt. Der ist im Herz aller Dinge. Der ist nicht in der Vergangenheit geblieben, nicht abgetan und vergessen und aufgelöst, nicht vorbei, sondern von Gott vorweggenommen in ein Haus von Licht. Himmel, dieses Lichthaus, ist Bild für unsere Herkunft und Heimat unserer Seelen.

In diesem Sinne hatte Jesus schon zu Lebzeiten Himmel bei sich. Wenn er Menschen ansah, sprühte Himmelsglanz. Er sah Menschen nicht als Humangut, Schülergut, Krankengut, nicht als Zähler, sondern mit Heiligenschein, mit Herkunft vom Himmel. Gottes Verwandtschaft hat Jesus den Menschen in die Augen gelegt. Er hat sie gesehen mit Nabelschnur zur Ewigkeit. Unsere Lust, von einer ewig gültigen Instanz mal anerkannt und gelobt und gewürdigt zu sein, hat Jesus als den eigentlichen Motor für all unser Treiben und Schuften erkannt. Jesus sah die Menschen als invalide Engel an, der Gnade bedürftig, als Fremdlinge hier, auf der Suche nach ihrer wahren Heimat.

Und die Menschen sahen sich von ihm wahrgenommen in ihrem Wesen. Sie sahen sich von ihm erkannt, wie sie wirklich gemeint waren, als liebesfähig und liebebedürftig, als freundschaftsbedürftig, hungrig nach Gerechtigkeit und der Ewigkeit auf der Spur.

Von Jesus angesehen werden, das ist: an Himmel, an Fülle, an Ganzwerden glauben können. Unsere Zugehörigkeit zum guten ganzen Gott bekommen wir von diesem Jesus beglaubigt, seine Worte setzen die wahre Währung für Wissen, das trägt.

Ich bekam vor kurzem eine wunderschöne Geburtsanzeige. Da schrieben die Eltern: Hannah ist umgezogen zur Erde, Adresse da und da, heißt sie mit willkommen, Taufe dann und dann. Umgezogen! Dann ist Taufe wirklich die wahre Kennzeichnung für den Erdenweg: Kind Gottes. Und die Eltern werden ernannt als die ersten Engel und Wegbereiter. Paten und Mitmenschen werden einander gewidmet als Gefährten, die teilen die Gefahren des Weges, bis wir wieder von hier entlassen werden. So ist Sterben auch schon gedeutet als Ausfahrt, Heimkehr, letzte Ankunft, endliches Aufwachen in Gott. Und dann ist nichts mehr zwischen Gott und uns.

Manchmal ist schon Himmel hier

Wenn ich zum Vater im Himmel bete, darf ich mich schon bei ihm sehen. Schon hier ist Himmel, und nichts Trennendes ist zwischen Gott und mir und allem. Es gibt diese Augenblicke: mit beiden Beinen auf der Erde, doch vom Himmel umarmt. Als Kind an Mutters Brust lagen wir Gott im Arm. – Vielleicht ist diese Urszene die helle Leinwand, der Hintergrund, auf dem alle schmerzlichen, schönen, schweren Ereignisse vorübergehen. Und uns bleibt das Bild der uns Stillenden, die selbst darüber still wird, das ewig gültige Bild vom gelingenden Nehmen und Geben, Himmel eben: Gott, der Lebensstrom, trägt uns. Wir zerschellen nicht an Angst und Tod, sondern Gott behält uns.

Himmel meint Energieschatz, die unausschöpfliche Fülle guter Möglichkeiten. »Jesus im Himmel« meint, Jesus öffnet den Himmel der guten Möglichkeiten für uns, daß wir einander ein Stück Himmel schon sind.

Ja, es gibt auch Hölle. Und was sich Menschen an Leid und Hölle antun können, wir erleben es. Hölle, das ist das Versteinerte, das kalte Brennen, die bleierne Zeit, Gottesferne, Haß und Isolation.

Aber Himmel in die Hölle säen! Hier nicht des Teufels, sondern Gottes Werkstatt sehen, wo wir miteinander Gottes Schätze heben und teilen und mehren. Das ist Jesu Himmelfahrt hin zu uns, daß er den Himmel uns austeile und wir auf irdische und unvollkommene Weise Freundschaft halten, Ehen leben, Kinder erziehen und vieles andere auch.

Vater im Himmel meint: Gott in der Fülle deiner Möglichkeiten, du bist bei uns.

Geheiligt werde dein Name

Geheiligt werde dein Name

»Was ist dein Name?« So fragte einst Moses und erfuhr, ihm widerfuhr: »Ich werde für euch da sein, wie ich für euch da sein werde – das ist mein Name.« (2. Mose 3,14) Das Wort »Dasein« ist genommen vom hebräischen »jawah«, daher der Name für Gott: Jaweh oder anders vokalisiert: Jehova. »Jaweh!« ist ein Anruf: »Du für uns da.« Du! Das unbedingte Sein-für ist Gott. Unbedingtes Sein zugunsten, zum Vorteil, das ist das Wesen Gottes. Proexistenz – nicht nur: macht mal, laß laufen. Nicht: Anfangs mal Schöpfer, und jetzt seht, wie ihr klarkommt, und sich zurückgezogen haben, nein: Für-uns-Dasein ist das Wesen Gottes. Das ist Gottes Einladung, durch Jesus übermittelt. Nehmt mich bei meinem Wesen, nehmt mich bei meinem Wort: Ich für euch da.

Name ist nicht nur Etikett, austauschbare Silbenansammlung, wie man heute für jedes Auto und für jedes Bonbon eine geschickte Klangnominierung besorgt. Früher wußten die Menschen noch, daß man seine Kinder benennt mit einer Kraft, die in diesem Namen mitschwingt. Der Name ist ein Stück von dem Wesen selber. Und wer den Namen weiß, hat Zugang. Und nicht nur Zugang, sondern auch ein Stück Anteil an der Macht dieses Namens.

»Ich für euch da«, das ist mein Name. Nehmt mich beim Wort! Sinngeber, Atemgeber, Lichtgeber, Zeitgeber, Heiliger Geist, Liebe, Trostgeber, Wohltäter, Friedensgeber, Kräftegeber bin ich. Sein-Geben ist seine Sache, Sein-Nehmen ist unsere Sache. Wir – Empfänger und Nutzer, Braucher und Mißbraucher seiner Gaben, wir alle sind Gestalt und Stoff seines Für-uns-Daseins.

Wie können wir dem entsprechen? »Geheiligt werde dein Name« legt uns auf, das Urheberrecht zu wahren, uns nicht anzueignen seine Ehre und Würde. Der Autor des Lebendigen, der Erfinder meiner/deiner selbst ist Er. Nicht nur Genmanipulation ist eine Anfrage, wer der Autor des Lebens ist. Schon wenn wir strunzen mit unseren Kindern – »Ist das nicht ein Prachtexemplar?« –, tun wir, als wäre es aus unserer Produktion.

Die Gier, sich einen Namen zu machen

Als die Leute in Babylon sich einen Turm bauen wollten bis in die Wolken, gierten sie, sich einen Namen vor anderen zu machen (1. Mose 11). Ganz raffiniert heute die Werbung einer Kreditkartenfirma: »Bezahlen Sie mit Ihrem guten Namen.« Unsere Lust, mal im Gespräch bekannte Namen einzustreuen – also, Gegenüber, wisse, mit wem du es zu tun bekommst, wenn du dich mit mir anlegst!

Warum gibt uns Jesus dies »Geheiligt werde dein Name« als erste Bitte auf? Doch wohl weil wir Gott so gern vor unseren Karren Glück spannen wollen. Er soll unseren Namen, unser Sein groß machen. Wir sind doch immer wieder versucht, das Heilige für uns in Dienst zu stellen. »Mit Gott« stand auf den Koppelschlössern der Soldaten. »Gott und mein Recht« fordern, als sei Gott der stille Teilhaber meiner Firma, meiner Nation. Gegen solche Vereinnahmungsgelüste rückt mich diese Bitte in die angemessene Position: Geheiligt werde dein Name durch mich! Nicht ich drehe im Gebet Gott mir zu, nicht ich beknie ihn, daß er mir zuarbeitet nach meinen Wünschen, sondern gerade wenn ich Gott um etwas bitten will, gibt

Jesus auf: Mensch, bete dich vor die Wahrheit hin, nimm dich vor Gott ins Gebet. Was ich auch auf dem Herzen habe, muß durch das Nadelöhr »Geheiligt werde dein Name«.

Heiligung als Ziel der Geschichte

Vielleicht können wir dann gar nicht mehr bitten, sondern nur noch danken. Jedenfalls, was mir auch mangelt und was ich erflehe, ist nur Fehl am großen Schatz, der mir schon gegeben ist. Ich lerne mich in dieser Bitte sehen als Beschenkten, der gewollt und geehrt ist mit Sein-Dürfen. Ein freundliches Herz bete ich mir zu, bete mich zurecht als Wahrnehmer der Wirksamkeit Gottes. Und wie ist er? Er ist da. Er ist da für uns, er ist da, wie ein Strom, als ein Strom, als der Lebensstrom. Er ist da und trägt auch dich und mich. Geheiligt werde dein Für-uns-Dasein – ein Jubelruf, fast ein Kommando: »Alles an seinen Platz!«

Alles ist da, um Gott zu heiligen. Alles ist magnetisiert mit einem Drall, ihm Ehre zu geben. Die Natur kann man ansehen als Ehreproduzent, wenn man all die Formen, Farben, Düfte, Muster in ihrer Üppigkeit bedenkt. Nur der Mensch ist so zwiespältig begabt, daß er sich selbst vermessen kann und sich verehrt bis zur Selbstanbetung. Aber dies Verkehrte soll nicht gültig bleiben. Kein Schauerliches hat das letzte Wort. Auch das Finstere soll noch erhellt werden, soll uns jedenfalls im nachhinein aufgehen als Morgenröte der Heiligung seines Namens.

Und so leuchtet Jesu erste Bitte uns den Raum aus für unser Beten. Wir existieren davon, daß Gott seinen Namen, sein Für-uns-Dasein heiligt.

Betend vergewissern wir uns, Zeugen der Heiligung

Gottes zu werden und zu sein und zu bleiben. Wir, Fühler Gottes, Sensoren, Mitempfindende, Teilhaber an Gottes Projekt: daß sein Name geheiligt werde im Laufe der Zeit.

Sein innigster Name:
Gott der Geduld und des Trostes

Wenn Gott nur Spiegelbild unserer Seele wäre, unser Innerstes aber ein Chaos ist, ein Schlachtfeld von Angst und Wollust, von Neid und Fasziniertsein; wenn Gott nur Erfindung unserer dramatischen Seelen wäre, dann wäre der Alles-Zermalmer unser gedachter Gott. Ein Herr der Heerscharen, ein Weltenjäger, der uns wie Mäuse scheucht und aufspießt mit seinen Krallen aus Gesetz und Willkür.

Wenn der Mensch darauf angewiesen wäre, nach seinem Bilde, ihm gleich Gott sich auszudenken, dann würden wir ein Monster anbeten, einen goldenen Stier. Mit uns selbst als Maßstab müßten wir meinen, wir seien in Bann geschlagen von einem Schöpfungsmoloch, der gebiert und verschlingt, der blind beschenkt und wegreißt, der tausendfaches Grauen hinterläßt und auch beglückt auf tyrannische Weise.

Angstgeschwängert ist unser Innerstes, Millionen Brände und Fallen und Hungersnöte und Abschlachtungen und Verlassenheiten sind der Erinnerungsstoff unserer Vorfahren, und er lagert in uns und strahlt seine Furcht, seine Vorsorge-Gier aus uns ab. Gespenstisch monströs ist die Fratze des Bösen, die sich uns aufdrängt aus den Menschheitserfahrungen. Noch in den Computerspielen und den Schreckensfilmen regiert dieser Herr der Finsternis unter wechselnden Visagen. Unser Hunger nach Grauen speist sich aus diesem Gefühl, gerade nur entronnen zu sein und der Dämon habe uns schon im Visier.

Darum hat ja auch die Bildzeitung so viele Leser, weil täglich der Böse in neuer Gestalt sich entlarvt als der scheinbar so freundliche Nachbar, der Kürschner, der seine Fässer betreibt, der Auszubildende, der in Mölln drei türkische Mitmenschen verbrennt. Wenn unsere Seele aufgrund ihrer gespeicherten Menschheitserinnerung sich Gott erfinden müßte, wäre dieser böse. Aber weil es ganz anders ist und damit es ganz anders wird, gibt es Evangelium, gute Nachricht, Offenbarung, Christi Geburt.

Sehnsucht, daß Gott anders sei, gab es schon immer. Seit Menschen ins Nachdenken entlassen wurden, haben sie ihre Toten begraben und nicht mehr nur liegengelassen. Und darin keimt eine Hoffnung im Menschen auf, daß Gott ganz anders mit uns handelt, noch ganz anderes mit uns vorhat. Und die Toten werden auf den Weg geschickt zum Frieden.

Früh also bahnt sich eine helle Ahnung gegen die dunkle Erfahrung an: Hoffnung auf einen ganz anderen Gott, als unsere Angst ihn gebiert. Einsprengsel von Hoffnung begleitet das Menschenherz.

Verheißungen irrlichtern Jahrtausende vor Christus schon durch die angstvollen Seelen. Ein Zug zum Schönen hin hebt dem Menschen seinen Blick über das zum nackten Leben Notwendige, und im Spiel finden Menschen Gedanken an einen Gott der Freude. Glühende Zukunftssüchtige verheißen: »Das Volk, das im Finstern wandelt, sieht ein großes Licht, und denen, die im Schatten des Todes sitzen, leuchtet es hell.« (Jesaja 9,1)

Der vorerst letzte Prediger der alten Schule trieb die Menschen noch von einer Angst in die andere: Johannes der Täufer mußte noch sagen: »Ihr Otterngezücht, ihr Schlangenbrut, es ist die Axt der Menschheit schon an die Wurzel gelegt.« (Matthäus 3,7.10) Doch der Goldfaden ist schon längst in die Seelen gesponnen. Eine Vollmacht jenseits aller Vorstellungen befreit Israel aus Ägypten und gibt sich zu erkennen: »Ich, der ich dich aus der Knechtschaft des Ängstenden erlöse, bin dein Gott.« (2. Mose 20,2) – Diese Nachricht vom Gott der Befreiung sät sich aus in überstürzenden Verheißungen bis zu diesem Jesus. Das Kind in der Futterkrippe wird dann mit seinem Lebenslauf Gottes Identität. Gott gibt dieses Kind als seine Kennkarte aus. Die Welt mag so oder so sein, voll Grauen und Schönheit, das Menschenherz mag voll Chaos sein, aber der Sinn vom Ganzen, das Herz aller Dinge, die innere Struktur gibt sich zu erkennen als glühende Liebe, heilende Kraft. Und dem Paulus ist der wohl innigste Name aller Namen Gottes offenbart: »der Gott der Geduld und des Trostes« (Römer 15,5).

Glaubwürdig und denkbar macht sich ein großes Gegenüber aller Dinge, das durch die Dinge und Geschehnisse geduldig hindurchgeht. Gott wird Fleisch und Blut, er duldet seine Schöpfung, verwundet sich an ihr, müht sich mit ihr ab, leidet mit ihr jede lieblose Verlassenheit. Gott teilt sich so mit als das innerste Geheimnis jeder Kreatur, und durch alle Formen von Leben, Blühen und Verblühen geht er mit. Er nimmt sich Zeit – Weltzeit, Gebärzeit – und läßt Zeit, räumt Frist ein, daß wir zur Liebe verwandelt werden. Nicht durch eiserne Faust, nicht wieder durch Schinden und Zwingen, nicht durch kurzen Prozeß, sondern durch heilenden Heiligen Geist.

Glaubwürdig macht sich dieses große Gegenüber in Gestalt von Trost. Und dieser Trost ist kein flaues Wegreden; Trost – darin steckt indogermanisch »dreu«, Kernholz und »dru«, d. h. zur Sippe gehörend. Alles Zusammenhaltende, alles, was Isolation aufhebt, ist Gottes Trost, ist Gottes Kernholz, ist sein Wesen.

Ja, es ist noch zuwenig Trost in der Welt. »Wo bleibst

du, Trost der ganzen Welt«, singt ein Adventslied. Und doch – sieh dein Leben an, dein Bewahrtsein, deine Freundschaftslust, deine Begabungen, deine Freude, gut zu sein, deine Lust, Tränen zu trocknen, deine Mitleidekraft, deine Leidenschaft, Menschen zu fördern, deine Liebe zu Menschen und Hunden, möglicherweise zu Büchern, deine Fähigkeit, aus wenig viel zu machen, deine Vergebekraft, dein Gerechtigkeitssinn, deine Hingabefähigkeit. Und die guten Seiten deiner Mitmenschen, all der Fleiß und die Ideen anderer. In wie vielen Berufen ist das Können der Menschheit entfaltet. Wieviel Gutes wird getan, weil es gut ist, nötig ist. Und wir könnten noch mehr.

Und all diese guten Gaben sind Trost. Unerschöpflich dieser Gott des Trostes, der die Fülle, die Vollendung, das Reich Gottes ja noch in Arbeit hat. Vorgeschmack sind all diese Goldfäden des Trostes, der Umarmungen, der Linderung, nur Wegzehr erst auf dem Weg Gottes in die Fülle.

Wenn Gottes treffendster Name »der Gott der Geduld und des Trostes« ist und wenn dieser Name geheiligt werden soll durch mich – wie leb' ich dann? Es gibt einen herrlichen Befehl in der Bibel: »Ich habe dir geboten, daß du getrost und freudig seist.« (Josua 1,9) Dann laß ich das Zagen, verbanne die Klage – und ich will für mich nicht um leichtere Lasten beten, sondern um breitere Schultern. Leicht ist's, niedergeschlagen und angewidert vom Leben sich zurückzuziehen. Aber der Betreiber des Lebens macht auch nicht seinen Laden dicht und zieht sich auf die Plejaden zurück. Der Gott der Geduld und des Trostes gebietet: Sei getrost und freudevoll. Also ran ans schöne, schwere Stück Leben, das dir heute neu beschieden ist! Gewinn ihm Geduld und Trost ab.

Unsere Seelen sind nicht nur Schallverstärker der

Menschheitsschrecken, sondern sind auch Fenster des erlösenden Gottes. Der König Hiskia sang es so (bei Jesaja 38 ist dies Lied erhalten): »Siehe, um Trost war mir sehr bange. Du aber hast dich meiner Seele herzlich angenommen, daß sie nicht verdürbe. Du wirfst alle meine Sünden, meine Ängste hinter dich zurück. Der Herr hat mir geholfen, darum wollen wir singen und spielen, solange wir leben im Hause des Herrn!«

Dein Reich komme

Dein Reich komme

Nur drei Wörter – und ein Horizont wird aufgerissen, an dem wir zu buchstabieren und an dem auszuträumen wir ein Leben lang zu tun haben. Die Christen hatten mal ein starkes Bild vom Reich Gottes: Neuer Himmel, neue Erde (Offenbarung 21,1), ein himmlisches Jerusalem auf dieser Erde und doch ganz neu und anders, ein Paradies am Ziel als gutes, nicht endendes Ende der Geschichte.

Dies künftige vollendete Reich Gottes erwarten zu können war eine Erlösung. Erlösung von der Mülleimer-Theorie: Nur Abfall stehe bevor, nur Verfall, nur Auslöschung am dünnen Ende der Erdenmühsal. Das war ja zur Zeit Jesu die Meinung: Am Anfang sei alles prächtig gewesen, goldenes Zeitalter, Paradies. Aber jetzt: Verfall und Pest, reif für den Abbruch, Rettung weniger Gerechter.

Dagegen setzte Jesus das befreiende »Dein Reich komme«, deine Zukunft, Gott, ist im Kommen und wird uns heilen. Und ein ungeheures Aufatmen geht durch die Menschheit von Jesus her: Nicht kommt Weltuntergang und Abbruch und Schluß mit Rettung der wenigen Auserwählten im siebenten Himmel, sondern Friede auf Erden kommt, Güter die Fülle, Freiheit, Gerechtigkeit, Gottes Staat, die Menschen in Freundschaft einander zugetan. Das soll kommen.

Wieviel revolutionäre Kraft aus dieser Zukunftsvision genommen worden ist, ist unbeschreiblich. Dieser ungeheure Verwandel-Elan aus jüdisch-christlichem Glauben hat eine wissenschaftliche, technische Umwälzung aller

Lebensumstände gebracht. Die ganze protestantische Arbeitsethik kommt daher und die Inbrunst der französischen Revolution, der rastlose Forscherdrang und die Industrialisierung, der Wohlstand und auch der schnelle Umbau der Natur in Abfall. Und weil die Kirche die Ungerechtigkeit nicht ausrottete, sondern oft sogar noch bemäntelt hat, wollten die Marxisten in einer gewaltigen Anstrengung die Friedensgesellschaft unter Blut und Tränen aus dem Boden stampfen. Dieser vorerst letzte Versuch, den Himmel auf die Erde zu zwingen, läßt uns wieder fragen, was mit dem Reich Gottes gemeint sein könnte.

Verloren ist uns die Idee von einer Geschichte, die die Menschheit zum Reich Gottes hin erzieht – durch die Generationen automatisch fast –, diese Idee, daß am Ende der Geschichte eine ideale Gesellschaft von Gott ausgebrütet wäre. Die geradlinige Entwicklung auf eine vollkommene Gesellschaft hin ist uns verschüttet angesichts der wachsenden Kompliziertheiten der Menschheit und angesichts von zwölf Jahren Nationalsozialismus, der die Erde in eine Hölle verwandelte und der es vermocht hat, daß das Böse gut genannt wurde. Zwölf Jahre haben gereicht, nochmal zu zeigen, wie der Mensch stündlich bedroht ist, zur Bestie zu werden. Und Max Frisch fragt: »Wie erklärst du dir, daß du noch nicht zum Mörder geworden bist?« So sind wir wohl nicht zu besseren Menschen zu erziehen.

Und ich fabriziere die Verelendung der Erde mit durch meinen Lebensstil und fürchte, daß unsere Kinder auch nicht besser werden, eben schwache Menschen von schwachen Eltern. Also keine Entwicklung auf eine heile Menschheit hin auf dieser Erde, und doch beten wir: Dein Reich komme. Auch sind uns die Vorstellungen verbrannt, daß Gott hinter der uns bekannten Welt noch eine ganz andere in einem Jenseits für uns in petto hätte. Undenkbar, daß diese Wirklichkeit hier nur Kulisse sei für eine schönere, bessere, die schon über uns im Jenseits hängt und nur heruntergelassen werden muß wie im Theater die Kulissen für den nächsten Akt. Blind sind uns auch die Bilder geworden vom ewigen Leben. Abgeblättert die Farben und Formen eines Himmels-Ortes.

Doch eigenartig: Wenn auch ortlos, weiß ich meine Toten, wissen wir unsere Toten im Guten. Wir wissen nicht den Ort, aber wir wissen sie im Heilen. Keine Vorstellungen mehr von Engelkonzerten und nicht enden wollenden Wonnen. Aber doch glauben wir sie als versöhnte, geheilte Seelen, die mit dem Ganzen eins geworden sind, die am Ziel sind. Wir glauben unsere Toten am Ziel jenseits des »dummen Vorbeis« hier. Wir glauben sie in der Liebe.

Wenn Zukunft und Himmel uns auch ortlos geworden sind, so fühlen wir doch, daß unsere Seelen ausgestreckt werden auf ein Werdendes hin. Wir sind es noch nicht, wir werden es aber, sagt Luther. Und Max Frisch fragte einmal: »Wenn du einen siehst, der gestorben ist, welche Wünsche sind wichtiger, seine erfüllten oder seine unerfüllten?« Unsern Toten zugute jedenfalls bitten wir: Dein Reich komme... Und wer es nicht so benennt, hat doch gespeichert in sich einen Traum weit über das Hiersein hinaus. Was höre ich an Sehnsucht sich bahnbrechen, wenn ich bete: Dein Reich komme?

Vor uns Nennenswertes, Reich Gottes.
Was könnte es sein?

Wir meinen immer, unsere Vergangenheit bestimme die Zukunft, die Erziehung unser Lebensglück; ich habe für die Rente eingezahlt, also kriege ich das und das. Aber »Dein Reich komme«, das weiß vom Gegenteil: Die Zukunft bestimmt die Gegenwart. Was wir werden, wird erst unser Wesen bestimmen. Eine Verwandlung ist angesagt, die bis zum letzten Anfang die Geschehnisse auf die Reihe bringt und endgültig gewichtet. – Was das Leben meiner, deiner Eltern bedeutet hat für sie, für mich, für dich, fürs Leben, gut, wir können ein Stückchen bedenken und auch werten, und wir sehen sicher Bruchstücke von Wahrheit, wie wir alte Fotos sehen. Sie waren glücklich und in Not und stark zu ihrer Zeit und schwach. Aber wer sie wirklich waren, wird sich zeigen. Es ist noch nicht ausgemacht, was wir sein werden. Die Geschichtsbücher müssen alle zwanzig Jahre umgeschrieben werden. Wird einmal die Wahrheit von allem offenbar sein, nicht nur einer letzten Generation, die das dann möglicherweise erlebt, sondern allem, was lebte, offenbart werden die Fülle?

Paulus sagt in einem Nebensatz: »Wenn der letzte Feind, der Tod, besiegt sein wird, dann wird Gott sein alles in allem.« (1. Korinther 15,28) Da deutet Paulus eine Ganzheit an, einen vollkommenen Baum, Gott alles in allem. Alles gelebte Leben als bleibend vorhanden, alles wird seinen Platz und seine Zugehörigkeit gefunden haben.

Ich höre jedenfalls in der Bitte »Dein Reich komme« zutiefst ein Versprechen von Zukunft und glaube mich eingespannt in ein Erfülltwerden, ein Ganzwerden, für das ich keine Worte und keine Bilder habe, aber schon in einem Gedicht, einer Umarmung kann ein Hauch dieser Wahrheit mich erreichen. Wir haben keine Worte für diese Fülle, aber diese Fülle hat mich. Zu uns gehört wohl ein »drive« nach vorn. »Nicht was ist, ist schon wahr, sondern was wird, ist wahr.« (Ernst Bloch) Ein Bewegtsein ist mit uns, das auch vom Prellbock Tod nicht aufgehalten wird.

Wer weiß, ob alles Sich-volldröhnen-Lassen der Jugend heute mit Powermusik nicht ein Protest ist gegen unsere Konsumwelt, die so tut, als hinge unser Glück von den endgültigen Turnschuhen ab. Die Randale, das Heroin, das Sich-zu-Tode-Trinken und Wegschlucken, ist's nicht aus verzweifelter Gewißheit: »Diesseits bin ich gar nicht faßbar« (Paul Klee)? In dieser Raff- und Prestigegesellschaft ist mir nicht zu helfen! Wieviel Selbstmorde sind denn Flucht aus einer Gesellschaft, die die Träume den Spinnern zuweist.

»Dein Reich komme« läßt jedenfalls ausschauen nach Zukunft, die von Liebe gestaltet ist. So wäre das Leben Anfänge der Liebe. Auch die Abbrüche bleiben noch im Ganzen, wie die abgeschnittenen, verknoteten Fäden in einer Decke eingearbeitet bleiben. Jedes belebte und unbelebte Ding ist im Reich-Gottes-Programm ein Geschehen im Raum-Zeit-Liebe-Kontinuum. Und alle Zerstörungen, alles Leid, alles Tragische ist Schmerzpunkt innerhalb dieser liebenden Kraft. Wenn wir bitten: »Dein Reich komme«, dann hoffen wir, daß wir dem Reich des liebenden Willens nicht entfallen. Denn das Wesentliche jedes Existierenden ist, zum Reich der Liebe zu gehören. Der Lehrsatz der Physik: Nichts geht verloren, jede Kraft wird nur verwandelt, kann hoffentlich übersetzt werden: Nichts geht dem Reich Gottes verloren. Jedes und jeder ist vor allem auf Zukunft angelegt. »Dein Reich komme« bittend, rufe ich mich in diesen kommenden Zusammenhang hinein, glaube ich mich als Anwärter, als Teilhaber von Ewigem, als Filiale, als Energiequantum dieses Reiches der Liebe, das noch alles und ganz wird.

Wie, weiß ich nicht. Aber daß ich verwickelt bin und bleibe in die Geschichte Gottes, will ich glauben mit meinem Leben. Und daß diese Liebesgeschichte Vollendung finde mit mir, trotz meiner Kläglichkeit – das bitten schafft Hoffnung und Elan, schafft auch, daß ich mich als Vorhut dieses Reiches Gottes manchmal wahrnehme und in Gebrauch nehmen lasse beim ökologischen Landbau oder wenn ich mich erbarme oder wenn ich Freundschaft anbiete oder ein Stück Unrecht mildere. Das Reich Gottes kommt wohl auch ohne unser Gebet von selbst – sagt Luther –, aber wir bitten in diesem Gebet, daß es auch *zu uns* komme schon heute, in der Begegnung dieses Tages.

Die Gewißheit, daß wir zugehören zum guten Ganzen, diese Gewißheit komme zu dir und trage dich durch den Tag.

Reich Gottes mitten unter uns im Anbruch

»Das Reich Gottes ist mitten unter uns im Anbruch«, verheißt uns Jesus (Lukas 17, 21), aber Martin Walser sagt von uns modernen Zeitgenossen: »Der die Welt beschimpfende Daumenlutscher ist unser Muster. Dem Daumenlutscher stirbt kein Gott.« Er ist sein eigener Gott, und der Nächste, der Nebenmensch, ist ihm die Hölle. Und ein anderer kluger Mensch, Nicolás Gómez Dávila, bezeichnet den Mangel genauer: »Der moderne Mensch liebt nicht, sondern er sucht Zuflucht in der Liebe. Er hofft nicht, sondern sucht Zuflucht in der Hoffnung. Er glaubt nicht, sondern er sucht Zuflucht im Dogma.«

Was macht uns lieben, hoffen, glauben? Das Treibmittel ist ein Ahnen vom Reich Gottes. Du, ich – erfaßt von einem Strudel, der uns auf Künftiges hin in Bewegung bringt. Nicht was war, nicht was zu sichern wäre, macht mein Wesen. Sondern was auf uns zukommt, macht uns wesentlich. Nicht Kinder *haben*, Erfahrung *haben*, Zählbares *haben* definiert mich, sondern: wozu ich da bin, das macht aus mir etwas. Wozu, zu welchem Zweck bin ich? Ich bin der Zukunft zugewandt, und die Zukunft soll »Reich Gottes« werden.

Wie ein Keimling von der Sonne aus der Erde gezogen wird, so zieht uns die Werdekraft des Lebens in neue Verhältnisse. Daß ich eine Werdekraft am Werk glaube, in meinem Lebenslauf und in den komplizierten Mustern des Wirklichen, macht uns zu Werdenden. Das ist es, was Jesus aufspürte und auslotete bis in den Tod: Alles ist verwickelt in Gottes kommenden Zeitraum.

Wenn wir nur diese Fährte aufnähmen, bekämen wir wieder einen geschmackvollen Glauben, der nach Gutwerden schmeckt und nach Freude duftet, verwickelt in ein Heilendes – du, ich, alle.

Siehst du es nicht, spürst du es nicht? Die Aufbrüche in deiner Seele, die Fenster zur Freude, die Empfindungen, in einem Gutwerdenden zu sein, die tragen dich doch! Es trägt dich nicht die Katastrophe, die Verzweiflung, die Not, der Schmerz. Es trägt dich nicht der Zweifel an dir selber. Daß du überlebt hast bis hierhin, inklusive all der Probleme, das liegt doch daran, daß du insgeheim nach vorne gesogen wirst, gezogen wirst, getragen wirst. Schau doch wieder nach bei dir innen. Es hält dich doch eine Ahnung. Wie eine Fährte den Fuchs zur Beute führt, hält dich eine Ahnung auf Kurs: Sein Reich komme. Wie immer dies Reich vollendet ausschauen wird, die Wunschkraft, daß noch mal alles heil und ganz werde, treibt doch auch dich.

In dir ist ein Same, so klein wie ein Senfkorn, daß Gottes Reich uns aufgehe, auf uns alle übergehe und wir als Facetten dieses Reiches ans Licht gehoben werden. Schau doch das Vertrauen in Gott bei dir an. Ja, da ist viel Zwingen und Angst und Sichern, viel Verehrung von Maß und Zahl. Und darin äußert sich unser Mißtrauen gegen alles Ungewisse. Aber in der Mitte des Taifuns alltäglicher Sorgen – sieh doch: Stille, der heilende Punkt, der leise zum Kreis sich öffnet, und wachsend umfaßt dieser am Ende die Welt. Du glaubst doch, daß auf Gottes Handteller dein Leben spielt. Du ahnst Gottes Reich kommen. Nicht

Zerfall und Verlöschen deiner Person kommt, sondern Reich Gottes, auch mit dir bevölkert.

Wie auch immer – glaub' an dieses Samenkorn Vertrauen in dir, und laß dein Denken langsam zum Vertrauenskreis sich öffnen. Vom Ungewissen her, von vorne her, vom Möglichen her kommt die Werdekraft Gottes auf uns zu und macht uns liebend, hoffend und glaubend. Die Magnetkraft aller guten Möglichkeiten zieht dich an und wird durch dich weiter vergrößert. In den Zweigen deines Vertrauensbaumes können auch noch Dämonenvögel nisten, du kannst deinen und anderer Leute Schrecknissen ein Stück Heimrecht einräumen. – »Vielleicht ist alles Schreckliche im Grunde das Hilflose, das von uns Hilfe will.« (Rainer Maria Rilke) Du, gepolt von Reich-Gottes-Sehnsucht kannst es so sehen wollen, immer mehr, Schritt für Schritt. Wie ein Stück Hefe durch den ganzen Teig zieht, so kann dein Vertrauen die Wirklichkeit verwandeln. Du läßt deine eigenen Ängste nicht mehr vagabundieren, sondern kannst sie in Zucht nehmen von diesem Wissen: Dein Reich, Gott, kommt, und es reicht schon zu mir hin, punkthaft vielleicht nur, aber ich will die richtige Ahnung festhalten, will, daß mich diese Gewißheit in die Zukunft zieht und mein Denken orientiert. Dann will ich weniger machen und zwingen und konstruieren und sichern, sondern wachsen lassen und will der Erwartung des Heilenden Raum geben, will mir intelligenten Optimismus wünschen. Der setzt nicht auf Fortschritt, sondern hofft auf Wunder. Fortschritt verlängert und verfeinert die Vergangenheit. Hoffnung auf Wunder sieht die Wirklichkeit voller Anfänge. Bekehrung, Rettung, neuer Geist, Versöhnung ist möglich, und der, der's glaubt, schafft das Klima für Verwandlung mit.

»Dein Reich komme« beten, das hält mich in der Schwebe des Lebendigen. Ich bleibe nicht abgefeimt durch

Erfahrung, nicht durch Mißtrauen verholzt, sondern das Kommen Gottes haucht mich an. Heilendes kommt uns entgegen, steckt an mit Geist, der neu werden läßt. »Glaube ist eine feste Zuversicht auf das, was man hofft, und ein Nichtzweifeln an dem, was man nicht sieht, auf den Gott, der auch von den Toten auferweckt.« (Hebräer 11,1; 19) Das Samenkorn dieses Vertrauens macht, daß ich die Zeit nicht als einen Dieb sehen muß, sondern als den Weg, auf dem mich Gott entwickelt und ausfaltet zu seiner Fülle.

Und so kann ich auch vertrauen, daß Gott mich reif macht für sich, und werde diesen heutigen Tag wieder als Inkubationszeit nehmen: auch mit mir brütet Gott sein Reich aus. Sieh diesen Tag als eine Berufung an, sieh dich berufen, dem Reich Gottes Platz einzuräumen, schon jetzt, dann bewunderst du, was schon an Gutem gelingt. Du widmest dich dem Schönen und nimmst es als Anbruch von Vollkommenem. »Du redest mit einem, unternimmst es, ihn in eine herzliche Unterhaltung einzufädeln, und du wirst ihn bald sein linkisches Wesen abwerfen sehen.« (Robert Walser) Du arbeitest an einer Nahtstelle des Lebens, daß eine Wunde heilen kann, einem seine Last leichter wird. Du wirst heute zur Nacht danken für den Juwel dieses Tages, weil in ihm schon die Farben des Künftigen spielten und dir Aufmerksamkeit geschenkt war für Gottes Kommen.

Du in einem guten Spiel

Die Schlagzeilen werden schlimmer, und wir alle werden älter. Die Zukunft scheint hinter uns zu liegen, und schon die Kinder malen mehr Trauerbilder. Die kurze Phase der Aufsteiger klappt früh zusammen, eine Krise der Lebensmitte wird schon ab 36 gefühlt. Wir können unsere wahre Bestimmung hier nicht erstellen, nur dem Wink gehorchen, einer Tendenz folgen, eine Leitlinie glauben, diesem Jesus nach: »Liebet einander. Die Liebe tut nichts Böses.« (Römer 13,8. 10) Alle anderen Regeln und Maßstäbe werden von der Zeit weggeweht wie Spreu. Der Tod ist die scharfe Klinge des Zeithobels – alle Gewaltwerke zerfallen, alle Hände an den Schalthebeln der Macht müssen sinken. Was bleibt, stiften die Liebenden (Jörg Zink).

Ungeheuerlich ist der Mensch in seiner Fähigkeit, sich Ziele zu setzen, ob Gutes daraus wird für viele oder Verheerendes – der Mensch ist freigesetzt zu Glanz und Elend, zu beglückender Kunst oder Morden. Wir können so tun, als würden wir Herren des Spiels sein, indem wir den Wert der Karten bestimmen – können einen vorziehen, andere benachteiligen, den begünstigen, dem schaden. Wir können aber auch Schönes bewirken, können lieben, andere sättigen und ihnen zum Recht verhelfen, sie ermutigen und schön finden, was dann auch den anderen schön macht.

Es ist offen, wer du sein wirst, jenseits von Erbgut und Erziehung. Goethes Sohn hat kein einziges Gedicht geschrieben, und viele Kinder von Mördern retteten Leben. Es ist offen, wer du sein wirst: Von einer Stunde zur anderen kann Verwandlung dir geschehen – Absturz oder Bekehrung, wir können zum Totschläger oder zum Helden werden, je nach Gunst der Stunde. Was an dir liegt: Folge der Tendenz: Liebe, teile, stärke, tröste, kläre, hilf, denk nach, verstehe, und du liegst im Trend mit Gottes Handeln an dir. Das ist die andere Seite der Wirklichkeit. Die eine: Du kannst dir Ziele setzen und dich zum Spielmacher erklären. Die andere: du bist inklusive deiner Freiheit eine Karte in Gottes Spiel. Du siehst weder Gott noch die anderen Kartenwerte. Du kennst deinen Wert nicht. Du kannst auch deinen Wert nicht festlegen durch Vergleiche.

Du, ich, eine Karte in Gottes Spiel. Das zu glauben heißt: du kennst den Sinn vom Spiel des Lebens; Gott macht sich Freude. Seine Freude ist Liebe. Befreundung ist der Sinn des Lebens. Welchen Wert du im Spiel hast, weißt du nicht. Deine kleinen Nebenabrechnungen, deine kleinen schwarzen Kassen, deine private Buchführung, was das Leben dir bringe, das sind Rechnungen nebenbei, so kannst du deinen Wert nicht feststellen.

Laß ab von dieser Rechnerei. Du bist zu Höherem geboren. Laß dich benutzen vom geheimen Treiber des Lebens. Er betreibt sein Spiel. Du aber laß dich ausspielen in die ungeheuer gemischte Gesellschaft, die alle meinen, sie machten ihr Spiel. Du weißt: wir werden gespielt von Gott. Dann weißt du auch: du bist gehalten von Gottes Hand. Du mußt dich nicht stützen auf dein Gewissen, deine Empfindungen, dein Tun, sondern auf Gottes Verheißung und seine Wahrheit (Martin Luther). Du wirst immer genug haben, um in Gottes Spiel Karte zu sein und endlich sogar Mitgewinner.

Was wir uns zerfleddern in Positionskämpfen, Anerkennung erzwingen wollen von Personen, die auch nur schlichte Menschen sind. Ist es denn wirklich nötig für dich, daß genau dieser dich schön findet, gerade dieser Mensch dich brauchen soll? Ist er der Herr des Brotes in der Gegend? Lieber Karte in Gottes Spiel als der Menschen Knecht.

Dein Reich komme – auch mittels der Kirche

Menschen suchen bei der Kirche Wahrheit. Aber hat die Kirche Wahrheit? Hauptsache ist, daß die Wahrheit die Kirche benutzt, benutzt als ein gefaßtes Becken für den Schwall des Evangeliums. Bei aller Menschelei des Bodenpersonals ist doch auf einen Hauch Heiligen Geistes in Kirche zu hoffen. Bescheidene Theologen halten es fast für einen Gottesbeweis, daß Menschen immer noch an Gott glauben. Und sie sagen, daß sie das nicht wegen der Kirche, sondern trotz der Kirche tun. Aber vielleicht benutzt die Wahrheit doch die Kirche als Kanal und uns Teilhaber an Kirche als Wasserträger.

Woran merken wir, von der Wahrheit benutzt zu werden? Was macht Kirche zum Funkhaus von Wahrheit? Was macht uns zu Medien Gottes? Ein kleines Textstück aus der frühen Christenheit kann uns anleiten: Jesus sendet die zwölf Jünger aus. Welche Wahrheit schickt sie los, was teilen sie aus, welches Rüstzeug haben sie?

»Und er rief die zwölf zu sich und fing an, sie auszusenden, je zwei und zwei, und gab ihnen Macht über die unreinen Geister und gebot ihnen, nichts mitzunehmen auf den Weg als allein einen Stab, kein Brot, keine Tasche, kein Geld im Gürtel, wohl aber Schuhe, und gebot ihnen, nicht zwei Mäntel anzuziehen. Und er sprach zu ihnen: Wo ihr in ein Haus gehen werdet, da bleibt, bis ihr von dort wegzieht, und wo man euch nicht aufnimmt und nicht hört, da geht hinaus und schüttelt den Staub von euren Füßen zum Zeugnis gegen sie. Und sie zogen aus und predigten, man solle Buße tun, und trieben viele böse Geister aus und salbten viele Kranke mit Öl und machten sie gesund. Er gab ihnen Macht über die unreinen Geister, und sie verkündeten, es sei Umkehr dran. Unreine Geister trieben sie aus und machten Kranke gesund«. (Markus 6,7–13)

Macht über die unreinen Geister gab Jesus ihnen und gäbe sie gern uns; nicht Seelenmassage oder magische Besprechungen oder irgendwelche Praktiken, die andere unter Einfluß stellen, sondern Macht über die unreinen Geister in Gestalt eines grenzenlosen Vertrauens: Alles Böse, Dunkle, Zerstörerische ist nicht verhängt von

Gott, sondern ist Schatten, ist Beipack des Guten, ist Verkrustetes von Gutgewolltem, sind Angstblasen, Druckfehler, zur Berichtigung bestimmt.

Heute wollen Wissenschaftler Erbfehler im Genmaterial berichtigen. Bei aller Fragwürdigkeit könnte auch dieses Eingreifen seinen Mut nehmen aus dem Jesus-Vertrauen: unreine Geister und Krankheit sind kein Verhängnis, sondern der Heilung bedürftig, zur Heilung bestimmt.

Die Heilkräfte der Natur hat die Medizin ja weitgehend in Dienst gestellt. Aber da sind ja noch ganz andere Krankheiten, aus gesellschaftlicher Veranlagung, aus menschlichem Umgang, aus Angsteinjagen in vielen Formen. Und diese Krankheiten des Geistigen brauchen geistige Heilkräfte, brauchen seelsorgerliche, therapeutische Menschen.

Die ersten Jüngerinnen und Jünger und die dem Jesus heute folgen, die haben auch heute Macht über die unreinen Geister – eben die Gewißheit: Die geistig-seelischen Krankheiten und ihre Körpergestalten sind nicht Verhängnis, sondern Falschgelerntes, also auch Verlernbares, jedenfalls Dämpfbares, jedenfalls Behütbares, wenn wir nur umkehren in das Vertrauen zum großen ganzen Gott.

Jesus ist ja Gottes Ikone in uns. Auf dem Grund von dir und mir strahlt das Bild dieses Jesus, der verknüpft, der orientiert, der vergibt und der heimholt. Wie desorientiert und wie herrisch du auch dich gibst zur Zeit, im Wesen bist du Gottes Kind, zur Liebe und zur Freiheit berufen. So viel Argwohn hat unser Jesusbild in uns zugeschüttet, so viele Gesteinsbrocken der Angst, nicht zu taugen, liegen im Brunnen unserer Seele, und ich sehe das Vertrauensbild nicht mehr; sehe nur Angst und das Sichernwollen vor Angst. Unreine Geister nennt die Bibel diese verfestigten, verklumpten Ängste, die mir mein wahres Bild verstellen.

Auge in Auge mit Jesus, der Ikone Gottes, sehe ich mich

von gutem Wollen ins Sein gehoben, kann mich glauben als geliebt, gebraucht, gewünscht, geschaffen vom mütterlichen, väterlichen Grund. Aber hatten wir Eltern, Lehrer, Freunde, die von unserer inneren Bestimmung wissen? Das ist ja der Jammer Gottes, daß er nur durchschnittliche Eltern, Lehrer, Freunde als Mitarbeiter hat. Und so viel Strahlkraft, mit der die Kinder zur Welt kommen, erziehen wir ihnen ab, ersticken Vertrauen in Sorgen, nur ja Liebkind zu sein, nicht nur der Eltern, sondern wechselnder Autoritäten.

Und das ist der Jammer, das ist Gottes eigene Beschädigung, daß vielen Menschen ihre Erziehung das Ende vom Lied bedeutet; es sei denn, sie stoßen auf Ermächtigte, die böse Geister bändigen können. Die nehmen dann Stein für Stein der Kindheitsangst und helfen den Geschundenen, diese Erfahrungen anzuschauen und zu werten und die zugehörige Wut und Enttäuschung zu fühlen und dann auch von sich abzutun. Ein langer Weg der Umkehr ist's, bis im Brunnen meiner Seele das Jesusbild wieder freiliegt und ich mich als Bruder, als Schwester dieses liebenden freien Christus erkenne und erfreue.

Wichtig ist, daß wir uns von Jesus senden lassen; erst auf dem Weg werden wir Sehende. »Es beginnt ein unsichtbares Königreich des Herzens zu wachsen unter uns allen.« (Eugen Drewermann) Es ist zwischen uns Menschen der Geist des Verstehens am Werk: Wie die Natur eine Apotheke Gottes ist, so ist auch in uns Menschen ein Schatz an Heilkräften, vor allem das Erbarmen mit Leidenden. Gesandt von Gott, läßt uns Leid nicht gleichgültig. Ich erkenne doch im Bedürftigen meinen eigenen Mangel, im Ängstlichen meine Angst, im Liebenden meine Liebe, im Widersprüchlichen meine eigenen Konflikte.

Das sollte den Gesandten Gottes klar sein, daß auch sie nicht Heile sind, sondern Heilwerdende. Wir müssen von unserer dämonischen furienhaften Macht wissen, wenn wir anderen helfen wollen, daß sie nicht verschluckt werden. Wir müssen von unserem Behindertsein wissen, um überhaupt zu verstehen, was andere an Krankheit leiden. Wir haben nur einen Trumpf, um als Gesandte Jesu auch geschickt zu sein: daß wir lernen, aus Vertrauen zu leben.

Den Jüngern, die Jesus losschickte, gebot er, nichts mitzunehmen als ihr Vertrauen. Kein Brotpaket, kein Geld, keinen zweiten Mantel, einfach Vertrauen, daß ihnen schon zur rechten Zeit einfällt, zu sagen, was zu tun ist, daß sich auch Leute finden, die sie satt machen, sie brauchen keine feine Garderobe, auch keinen Talar – ach, der steht ihm ja so gut –, schutzlos können sie gehen, ohne Zitate, Titel, Anrechtsscheine, ohne Kostümierung und Charakterpanzer – bloß, als wandelnde vertrauensbildende Maßnahme Gottes, nicht hochgerüstet, sondern einfach, schlicht, bedürftig und mit einem Bärenmut, der die Angstgeister noch zum Abrüsten bringt. Wo man euch nicht hört, geht weiter, schüttelt den Staub von den Füßen zum Zeugnis gegen sie. Das klingt bedrohlich, aber ist vielleicht mehr gedacht als Widerhaken, der ihnen im Gedächtnis bleibt: Da ist bei mir doch noch was offen. Jesus macht Mut, die Zugeknöpften zu lassen. Sie haben ihr eigenes Tempo. Sie müssen noch schuften. Ihr Unbehagen an sich selbst ist noch nicht gesättigt. Jesus sagt einmal in einem ganz andern Zusammenhang, nämlich im Umgang mit denen, die meinen, sie seien die geistige Elite: »Die Gesunden bedürfen des Arztes nicht, aber die Kranken.« (Matthäus 9,12) Er sagt das etwas ironisch, aber die Pointe liegt doch in Jesu Vertrauen, daß Gott auch mit den Selbstherrlichen fertig wird. Und es gibt doch genug, die um Hilfe schreien, stumm oder laut.

Zu den Kranken schickt Jesus die Jünger, sie mit Öl zu salben – ein Zeichen: du – nicht vergessen, nicht abgefallen vom Baum des Lebens. Allein unser Besuch kann so ein Salböl der Verbundenheit sein. Wer selbst schon schwer lag, weiß, daß jeder Besuch doch ein Bote Gottes war, der beglaubigt: Gut, daß du da bist, du bleibst im guten Zusammenhang.

Aber auch das gehört mit zur Vertrauensausstattung – zu wissen, das Erstaunliche ist nicht, daß ich krank werde. Das Erstaunliche ist, lebendig sein zu dürfen. Lebendig sein heißt krank werden können. Ohne krank werden zu können, wären wir nicht lebendige Menschen. Ohne geistig krank werden zu können, wären wir nicht geistvoll. Das Leben ist reich. Auch das behinderte Leben ist noch riesig reich an Chancen auf geschmälerter Basis. Und je unerwarteter die Krankheit kommt, um so bereitwilliger sollten wir sie empfangen, ihr Wohnrecht bei uns einräumen, aber nicht Besitzrecht. Sie soll mir was sagen. Und wie, wenn die Krankheit den Tod bringt? »Sie bringt ihn nicht, sie geleitet mich zu ihm.« (Wolfdietrich Schnurre) Im Vertrauen gesagt: Was ist unser Leben denn anderes als eine Reihenfolge von Präludien zu jenem unbekannten Gesang, dessen erste und feierliche Note der Tod anstimmt. Liebe, Schmerz, Versagen, Friede – so heißen seine Vorspiele (nach Alphonse de Lamartine).

Ob wir einander Wasserträger der Wahrheit sind? Machen wir einander nicht Angst, sondern nehmen wir sie ein Stück weit. Engen wir nicht ein, sondern besorgen wir ein Stück Weite. Zwingen wir nicht Gehorsam auf, sondern leiten zur Freiheit an. Imponieren wir nicht, sondern stützen. Paulus sagt einmal: »Ich will nicht Herr sein eures Glaubens, sondern Gehilfe eurer Freude.« (2. Kor 1,24) Das etwa zeigt die Richtung für die Gesandten des Jesus.

Dieser Auftrag an die Jünger und die geschichtlich gewachsene Kirche fallen natürlich auseinander. Das eine ist der Eid des Hippokrates, das andere Gesundheitsreform und volle Wartezimmer. Eins sind Gedichte, ein anderes Schulrat und Duden. Eins ist die Liebe, ein anderes die gelebten Ehen. Die »Gemeinschaft der Heiligen« und die Kirche, das je und jäh Geschehende des Heiligen Geistes und die verfestigten Formen von Ordnung und Dienstrecht und Gesangbuchreform stehen oft konträr zueinander. Und dennoch brauchen wir vom Chaos der Willkür bedrohte Menschen wohl die Muster und die gefaßten Becken, um Wahrheit schöpfen zu können.

Wir Unruhigen können doch Frieden anbahnen

Wie das Durcheinander der Geschichte hinfindet in Gottes Arme – wir können es uns nicht vorstellen. Wie das Gewoge von Leid und Mühe mündet in das Meer der Ruhe, ist uns unausdenkbar. Und doch könnte die Geschichte ein Teppich sein, den wir jetzt erst nur von links sehen, ein Geschlinge von Fäden, Knoten, Flicken; aber einmal wird uns der Teppich schön erscheinen, und dann geht uns auf: Wir sind im guten Ganzen.

Wir haben ja schon geglückte Passagen erlebt, leuchtende Tage, auch Lebensläufe, die mit allen Mühen doch gelungen schienen. Könnte nicht doch alles in allem noch gut werden? Wir haben doch Vollkommenes erfahren, nicht nur Reste ausgeglühter Mühe, sondern Fetzen von Himmel: Der erste Schnee unseres Lebens, die erste Liebe, die erste Versöhnung nach furchtbarem Streit, die erste eigene Wohnung, das erste selbstverdiente Geld, das erste Kind, die erste Offenbarung vor einem Gemälde, die erste Auferweckung, nachdem du so gut wie tot warst, der erste Glückwunsch: gut, daß du da bist. Wir haben im Anbruch erkannt das Leben, wie es von einem wunderbaren, allmächtigen, unerschöpflichen, liebenden Urgrund herkommt. Ganz fraglos waren wir schon mit Gott im reinen. Er war einfach da, groß und glühend. Und du, ein Bündel Freudvolles, von Ihm entzündet, ganz und gar verschmolzen mit diesem Augenblick, mit Reich Gottes im Anbruch. Und du wußtest: voll Sehnsucht wirst du bleiben nach diesem Geschmack der Fülle. Was du auch noch an Holzwegen dir einbrockst, an Flachtagen durchwatest, was auch alles aus Schuld du versäumst, du willst neugierig hingestreckt sein auf Vollendung. Nie wirst du mehr zufrieden sein mit Sterben, das Leben nur widerruft und verenden läßt. Du hast den Traum vom Reich Gottes in den Fingerkuppen. »Deine Seele ist unruhig in dir, bis sie in Gott ruht.« (Augustin) Also leb' diese Sehnsucht und bereite vor, daß mehr Berührungen von Eins-Sein und Friede schon gelingen, dir und anderen durch dich.

Im Markus-Evangelium ist eine Verheißung aufbewahrt, die wir in Gebrauch nehmen sollten: »Die Zeichen aber, die folgen werden denen, die glauben, sind diese: In Christi Namen werden sie böse Geister austreiben und Fremde verstehen und Kranken die Hand auflegen, so wird es besser mit ihnen«. (16,17.18) Glauben ist Sich-verwurzelt-Wissen in einen Boden, den Gott bestellt. So bist du nicht Treibholz, sondern Zweig am guten Lebensbaum, wie viele Risse den auch durchfurchen. Und bis zum Erweis des Gegenteils setz' auf den Jesus, der Tod und Teufel bestanden hat. Ja, es gibt Menschen, für die ist Gott ein blinder Fleck geworden. Es gibt auch Tage für dich, wo Gott nicht mehr da ist. Aber gestern oder eben hast du noch mit ihm gesprochen, du begnadeter und leidender und beglückender Mensch. Du treibst doch böse Geister aus und verstehst Fremde. Ich sah bei einem großen Geburtstag einen Mann im Rollstuhl mitsingen »Lobe den Herren, der dich erhält, wie es dir selber gefällt. Hast du nicht dieses verspüret?« Er sang mit, ohne Beine sang er mit! Hast du ihm die Hände aufgelegt, daß er zu solch einer Lebensbereitschaft fand? Öffnen wir uns und anderen einen Spalt von Himmel. Verstandenwerden ist Reich Gottes im Anbruch, Loskommen von Besessenheit ist Friede, Danken ist Leben unter nicht endendem Horizont.

Wir stecken in Geschichte. Wir stecken in der Geschichte, wie man im Stau steckt. Wir sind dann auch der Stau. Wir sind auch Partikel dieser Geschichte. Du, ich, wir haben jeder seinen eigenen Hungernden, seinen eigenen Obdachlosen. Jeder hat ein Double in der Dritten Welt. Wir müssen ihn stillen und befrieden, sonst vergiften wir uns bis in unsere Träume hinein mit Selbstverachtung. Du bist als ein Auftakt von Frieden gemeint. In all deinem Chaos und Festhalten und Grauen ist Morgengrauen, ist Sonnenaufgang von Freude.

Er wird abwischen alle Tränen, Leid wird nicht mehr sein

Dem Seher Johannes kam dieses Bild: »Ich sah einen neuen Himmel und eine neue Erde, denn der erste Himmel und die erste Erde sind vergangen, und das Meer ist nicht mehr, und ich sah die heilige Stadt, das neue Jerusalem, von Gott aus dem Himmel herabkommen, bereitet wie eine geschmückte Braut ihrem Mann. Und ich hörte eine mächtige Stimme von dem Thron her, die sprach: Siehe die Stätte Gottes bei den Menschen, und er wird bei ihnen wohnen, und sie werden sein Volk sein, und Gott selbst wird bei ihnen sein. Und Gott wird abwischen alle Tränen von ihren Augen. Und der Tod wird nicht mehr sein, noch Leid noch Geschrei noch Schmerz wird mehr sein, denn das Alte ist vergangen. Und der auf dem Thron saß, sprach: Siehe, ich mache alles neu.« (Offenbarung 21,1–4)

Wenn das wahr würde, wäre alles Vergangene und Gegenwärtige Vorspiel, Vorlauf, Probe, bestenfalls Vorgeschmack, Skizze, Übung für das Vollendete. Haben wir mit dieser Ahnung unsere Lieben begraben? Gehen wir so unserem eigenen Sterben entgegen? Daß nicht die erfüllten Wünsche das Wichtige sein werden, sondern was anfing und unvollendet blieb? Genau dieser Frage antwortet die Verheißung: Gott wird abwischen die Tränen, und der Tod wird nicht mehr sein. Ich will glauben, wir treiben wie Wasserflocken der Mündung zu. Sterben als Münden in die Fülle, so möchte ich es denken. Wir wissen nicht, was uns im Tod erwartet. Aber nur einen Totenschädel in die Höhe heben und tönen: »Das erwartet uns«, ist banal. Es ist so ähnlich, als würden wir die abgelegte Hülle der Raupe anstarren, aber den Schmetterling sähen wir nicht.

Wer einen geliebten, einen nahestehenden Menschen bei seinem Sterben begleiten durfte, der hat wohl Zeichen empfangen von Abschied und Aufbruch. Manchmal die exakte Zeitangabe: In zwei Stunden wird es besser werden. Oder ein letztes Aufrichten mit Blick zum Fenster. Oder der Wink, doch bitte losgegeben sein zu wollen. Oder ein Friedenswort. Und wer beim Leichnam des Toten stand, hat hoffentlich einen Schimmer von Befreiung auf seinem Antlitz gefunden. Und hat doch auch gemerkt: Das, was aufgebahrt ist, ist nicht er. Er, der geliebte Mensch, ist fortgegangen. Der Leichnam macht den Eindruck einer abgelegten Kleidung: den »Reisesack des Lebens« (Robert Musil) braucht er nicht mehr. Wir wissen nicht, wo unsere Toten sind, wo wir sein werden; aber daß unsere Toten *sind*, daß sie auf eine ganz intensive Weise *Sein* haben, das wissen wir mit dem Herzen. Sie sind angekommen – und wir sind noch auf dem Weg. Sie sind am Ziel, und wir sind die Nachzügler, die Hinterbliebenen, die noch hinten, weit vom Ziel sich Mühenden, die noch arbeiten, sie selber zu werden, die noch Gutes tun müssen und ihr Quantum Böses auch. Die uns starben, scheinen uns gültiger sie selbst zu sein, als hätten sie ihre Ergänzung gefunden. Wir mußten sie lassen, so unabgefunden in ihren Wünschen, so unfertig, so bedürftig, wie wir selbst noch sind. Aber die uns vorausgingen, sind doch in Frieden eingehüllt. Fühlst du es nicht?

Wenn du es nicht fühlst, dann glaub' es! Und laß es dir gesagt sein und gehorche dem Wort Jesu: »In meines Vaters Haus sind viele Wohnungen, und ich gehe hin, euch die Stätte zu bereiten.« (Johannes 14,2) Ich jedenfalls will auch dem Wort des Sehers Johannes gehorchen, aus Vernunftüberlegung. Denn unsere Totenkopfbeweise sind doch nur lächerlich! Töricht ist diese Grenzziehung, daß ich nur bin, wenn ich mich noch denken kann, ich nur bin, wenn ich meine Figur im Spiegel sehen kann. Du, ich, wir sind doch mehr, als wir von uns erfassen. Schon wenn ein Mensch im Chor singt, ist er augenblicklich viel, viel mehr, als wenn er allein zu Hause sein Liedchen trällert.

Wenn Gott einen neuen Himmel und eine neue Erde vorhat, dann kann er auch unsere Toten, seine Toten neu vorhaben, neu vor sich haben. Er wird mich, dich neu vor sich haben. Weil wir seine geliebten Geschöpfe sind, wird er uns nicht in der Vergangenheit stecken lassen. Wenn schon ein Kind seinen geliebten Hund immer bei sich haben will, wieviel mehr erst Gott seine geliebten Menschen, mit denen er solche Schwierigkeiten hatte. Er wird seine Gegenwart mit uns teilen. Vor Gott sein, das ist: in Liebe vollkommen gemacht werden. Mehr weiß ich nicht. Aber es genügt. Es sind keine Bilder nötig von Jerusalem, der hochgebauten Stadt, von Aufgereihten vor Gericht, keine Bilder von ewiger Umarmung. Wir mit unseren irdischen Maßstäben, die gerade zu Arbeiten und Essen taugen, sollten doch bescheiden werden und neugierig auf das ganz

Andere. Das Bild von der Friedensstadt zeigt aber, daß Gott vollkommene Gemeinschaft vorhat, wo Austausch leicht gelingt und Freude, Ergänzen, Schönheit. Alles Gute ist dann ganz da; also auch Wege unter Bäumen, also auch Erde im Himmel, Mozarts Musik und kein Leid mehr, kein Geschrei, kein Tod, kein Töten, kein Verhungern, kein Verhungern-Lassen mehr.

Aber wenn dann, warum erst dann? Wenn dann vollkommen in Gott, warum erst hier wie auf Probe in kurzen oder langen Leben? Merkwürdig – Sterbende weinen nicht. Vielleicht weil sie heimkommen aus der Fremde, aus dem Exil? Paulus sagt einmal: »Christus ist mein Leben, Sterben mein Gewinn ... Ich sehne mich, aus der Welt zu scheiden und bei Christus zu sein, was auch viel besser wäre. Aber ich will noch am Leben bleiben, ... um noch Frucht zu schaffen, Freude im Glauben.« (Philipper 1,21–25) Das ist keine Antwort, warum Gott den Umweg, den Hinweg dieser irdischen Lebensart nimmt. Warum braucht denn Gott dieses mühselig beladene Lieben und Verunglücken, um das endgültige Zusammensein zu schaffen? Ich habe keine Antwort, aber dieses Wort des Paulus: Ich will noch bleiben, um Früchte der Freude zu besorgen, könnte mir als Streckensignal reichen. Wenn Freude gelingt, dann sind wir mehr als ich und du, dann sind wir nicht mehr isoliert, sondern angedockt an Gott, im Konvoi mit dem Ganzen, haben den Tod schon hinter uns. Das einsame Person-Zentrum, das so tat, als wäre es ich, ist schon aufgebrochen, ist vom Tod ins Leben getragen.

Leben wir mit Reisefieber, mit Anbruchelan, mit Aufbruchslust, und stiften wir, was auf Heilwerden hindeutet. Die Anfänge von Freude sind der Anbruch des Ewigen, jetzt. Wie wir eine kleine Feder auflesen aus dem Schlamm und sie nicht wieder wegwerfen, so sind unsere Toten von Gott bewahrt und schön gemacht, gefunden für immer.

Dein Wille geschehe

Dein Wille geschehe

Manchmal ertappen wir uns beim Beten; erwischen uns, wie es in uns Zwiesprache hält bei alltäglichen Geschäften oder im Glück, im Schmerz. Wir hängen unsere Sorgen und Freuden Gott an. Das ist kein stummes Selbstgespräch. Du entdeckst, wie du redest im Wissen, es hört einer her. Und dein Innerstes spricht sich aus, nicht ins Leere, sondern zu einem anderen Innersten, zum Innersten der Welt hin, das ganz Ohr ist. Und ein fließendes Vertrauen geschieht dir. Du bist nicht allein. Du bist im Gespräch mit dem großen Du. »Dein Wille geschehe, bitte!« ist einer der Impulssätze unserer Seele. Dieser Satz begleitet uns, wie nachts auf der Autobahn die Pfähle aufleuchten und zurückbleiben und wiederkommen. Geheimnisvoll ist diese Bitte. Etwas Schwebendes ist darin, eine Melodie, mehr Lockruf als Triumphgeschrei, mehr Bitte als Behauptung. Dein Wille geschehe in der Welt; und auch durch mich.

Aber ist nicht schon die Welt, so wie sie jetzt ist, Gestalt von Gottes Willen? Bin nicht auch ich eine Schöpfung Gottes, also gewollt, auch mit meinem Durcheinanderwollen und Widerwillen? In diese Richtung, daß Gott zuständig ist für jede Regung, jedes Ding, zielt Jesu Wort: »Kein Sperling fällt vom Dach ohne Gottes Willen.« (Matthäus 10,29) Aber das meint sicher nicht, es geschähe alles automatisch, Jesus ordnete die politische Macht, die oft mißbrauchte, unter Gottes Willen ein, mit bezeichnendem Freiraum. Als Pilatus Jesus fragte: »Weißt du nicht, daß ich Macht habe, dich hinzurichten?«, antwortete er: »Du hättest keine Macht, wenn sie dir nicht von Gott gegeben wäre« (Johannes 19,11), und fordert Pilatus geradezu heraus, zu merken, wie wichtig es ist, daß jetzt durch ihn Gottes Wille geschehe. Wenn der Lauf der Welt nur ein Abdruck des Riesenrades einer Schicksalsmaschine, wenn also alles, was ist, genau so gewollt wäre, dann brauchten wir nicht bitten: Dein Wille geschehe.

Jesus, der uns diese Bitte aufgibt, klärt geradezu: Geschehen und Wille Gottes klaffen noch auseinander. Es passiert noch so viel an Jammer. Und Missetat schlägt Gott ins Angesicht, vor allem früher und zugefügter Tod. Paulus nennt einmal den Tod sogar »den letzten Feind Gottes« (1. Korinther 15,26), der erst noch vernichtet werden muß, bis daß dann Gott sei »alles in allem«. Viel, zuviel passiert noch gegen seinen Willen. Ich verstehe Jesus, das Aushängeschild Gottes, so, daß die Weltgeschichte die Selbstverwirklichungsgeschichte Gottes ist. Das Geheimnis der Welt belichtet in den Generationen sein Bild. Nicht daß alle vorausgegangenen Generationen nur Wegwerf-Entwürfe gewesen wären, damit eine letzte Generation mal emporgezüchtet sei zu den wahren Edlen. Jedes Lebendige ist Gottes Versuch, darin seine Fülle zu gestalten, jede Generation ist ein neuer Wurf, jeder Keimling, jedes Kind ein neuer Schöpfungsakt. Die Natur ist wortgetreuer Wille Gottes. Die Natur fordert keinen Dank für sich, wenn sie Genuß gespendet hat. Sie dient, sie geschieht. Natur ist perfekter Gehorsam, so gemacht, daß sie sich selber macht, ist gestaltgewordene Liebe und Schönheit und Macht, die höchste Kunst des »Stirb und Werde«.

Aber wir Menschen – um unsertwillen müssen wir beten: Dein Wille geschehe. Denn wir sind doch zugleich liebste Kreation von Gottes Willen und offener Widerspruch, von Kain und Abel an. Im Menschen hat der Staub

Feuer gefangen (Ernst Meister). Uns Lehmfladen ist Gewissen und Würde und Verantwortung eingehaucht, eine Gottesvorstellung eingepflanzt: Das Geheimnis der Welt ist verschwenderische Liebe und tätige Heilkraft und will uns zu seinen Spiegelbildern. Doch wir, wir wollen uns einen eigenen Namen machen, wir argwöhnen, ungerecht behandelt zu werden, sind »ein Haufen wechselnder Wünsche« (Ernst Bloch), Schilfrohre, über die das Schicksal hinweht, Schilfrohre – aber denkende (Blaise Pascal). Und weil wir denken können, müssen wir wollen, daß Gottes Wille geschehe, nicht der meine, deine, selbstsüchtige, habsüchtige, rachsüchtige, geltungssüchtige, vergnügungssüchtige, ich-zentrierte, bestenfalls gutgemeinte Wunsch.

Gottes Wille ist schon dabei, seinen Lauf zu nehmen. Es gibt dafür fast so etwas wie einen Beweis: »Wir wären so gern Egoisten und können es doch nicht sein.« (Simone Weil) Meine Habsucht wird durch deine abgeblockt, meine Rachsucht durch deine Wachsamkeit entschärft, meine Geltungssucht wird durch deine Unlust, benutzt zu werden, gedämpft und meine Vergnügungssucht durch Geldverdienenmüssen in die Schranken gewiesen. Und wir müssen dem Leben nützen, sonst spuckt es uns aus und macht noch, daß wir uns selber verachten.

Ich kann mein Glück nur machen, wenn andere damit auch ihr Glück machen. Das geheimnisvolle Kräftespiel des Nehmens und Gebens ist doch ein Zeichen, daß Gottes Wille am Geschehen ist. Es gibt keinen glücklichen Menschen, der viele unglücklich gemacht hat. Es gibt keinen Unglücklichen, der viele glücklich gemacht hat. Es ist ein Gesetz in dieses Leben eingeschrieben: »Selig die Friedfertigen, sie werden die Erde besitzen. Selig die Barmherzigen, sie werden Barmherzigkeit erlangen.« (Matthäus 5,5.7) Das ist keine Automatik, aber eine Tendenz, die Pfeilrichtung des geschehenden Willen Gottes.

Jesus hat diese Richtung aufgedeckt. Wir können sie aber nicht von außen prüfen; mit unseren vorteilheischenden Augen können wir sie nicht ausspähen, in unsere geschäftstüchtigen Kalkulationen sie nicht einstellen und dann das Lager wechseln. Aber wer in Jesu Richtung sein Leben geht, wird im Gehen verwandelt und den Willen Gottes geschehen sehen und tun.

Dein Wille geschehe – dies bittend, knie ich mich in Gottes Welt hinein, daß mittels meiner Gutes geschehe. So viel Gutes geschieht trotz meiner selbst. Wir sind noch Nutznießer davon, daß schon so viel Wille Gottes geschieht. »Auch das persönliche Glück ist nur soweit in sich abgeschlossen, wie es ein Stein in einer Mauer oder ein Tropfen in einem Fluß ist, durch den die Kräfte und Spannungen des Ganzen gehen. Was ein Mensch selbst tut und empfindet, ist geringfügig im Vergleich mit allem, wovon er voraussetzen muß, daß es andere für ihn in ordentlicher Weise tun oder empfinden. Kein Mensch lebt nur sein eigenes Gleichgewicht, sondern jeder stützt sich auf das der Schichten, die ihn umfassen.« (Robert Musil) Sieh doch die Beute deines Lebens, wenn auch der Schlußstrich noch aussteht. Wieviel Geglücktes, wieviel Bewahrung und Gnade ist dir schon widerfahren. Was hast du schon alles geschenkt bekommen, wieviel Wille Gottes ist dir schon geschehen, einfach übergestülpt worden wie Sterntaler, Schürzen voll Glück!

Daß auch mittels deiner sein Wille geschehe, das erhoffe, erflehe, und manchmal erahnst du es doch auch. Wer je ein Kind bewußt gezeugt, empfangen, geboren, erzogen hat, weiß doch: Wir dürften, könnten es nicht ohne die Hoffnung, daß auch mittels meiner sein Wille geschehe. Schlicht ist das von Jesus so gesagt: »Laßt euer Licht leuchten, damit die Menschen eure guten Taten sehen und euren Vater im Himmel preisen.« (Matthäus 5,16)

Herrlich, wie Jesus behauptet, daß wir Menschen gute Taten geradewegs Gott zuschreiben. Und wenn uns Leid widerfährt, klagen wir Gott an; da ist die Automatik noch deutlicher. Aber auch wenn uns Gutes getan wird, entspringt in uns Dankgefühl, das nicht nur den Nächsten meint. Sondern dieser ganze gute Lebenszusammenhang geht uns auf als Sympathiegeflecht. Daß wir Weizenkörner verdauen und einander ergänzen können, sind nur zwei Stränge dieses Netzes des Willens Gottes. Es hält uns, wir müssen es mitknüpfen schon einfach dadurch, daß wir vorhanden sind als Fasern dieses Willens.

Aber auch das gehört zu dem Geheimnis unseres Menschseins: Wir müssen bitten darum, daß wir auch tun, was wir wollen müssen. Tiere tun automatisch, was sie müssen; da ist kein Wille. Wir tun nicht automatisch, was wir aus Freiheit und Notwendigkeit sollen. Ein schizophrener Zug liegt in uns. Paulus sagt es so: »Das Gute, das ich will, tue ich nicht, das Böse aber, das ich nicht will, tue ich.« (Römer 7,19)

Die Bitte »Dein Wille geschehe« zieht mich in meinem Gespaltensein in die Liebe Gottes. Du mütterlicher, väterlicher Lebensgrund kennst mich, dein widerspenstiges Menschenkind; deine Liebe erziehe mich, daß dein Wille geschehe, auch durch mich.

Sein Wille und die zehn Gebote

Dein Wille geschehe, Gott – wenn wir dies bitten, dann erflehen wir Frieden und gelingendes Leben. Nicht die Folgen unseres verwirrenden Wollens und Zwingens mögen auf uns und unsere Kinder kommen, sondern Dein Wille geschehe.

Mir geschehe, was du für mich vorsiehst. Auch das

Schlimme will ich tragen. Es soll mir Stufe sein, die Gott einschneidet ins Geschehen, um mich zu ihm emporzuheben. »Wenn es anders kommt, als wir es erbitten, kommt es besser«; so kennzeichnet Luther diesen kindlichen, unüberwindlichen Lebensmut, daß ich mich an Gottes Hand weiß, wie finster das Tal auch sei. Dein Wille geschehe da mittendrin. Das ist eine Vertrauensbitte und schließt ein, daß noch nicht alles, was geschieht, Gottes Wille ist, aber doch alles darauf hinausläuft, daß Gottes Wille geschehe.

An der Nahtstelle zwischen dem, was geschieht, und dem Willen Gottes stehen ich und du. Und wir bitten, daß der Wille Gottes das Geschehen einfängt, einverleibt, verträglich macht, heiligt. Und wir haben es erlebt, wie das Fatale, das Grauenhafte sich für uns lichtete, wir haben es erlebt, wie es im Psalter heißt: »Du stellst meine Füße auf weiten Raum... Du hast meine Klage verwandelt in einen Reigen. Du hast mir den Sack der Trauer ausgezogen und mich mit Freuden gegürtet.« (Psalm 30) Ja, du hast Schmerz, Leid und Verlust annehmen können als dir beschieden und nicht als Endstation, sondern als Verwandelmacht. »Du hast Augenblicke erlebt, wo Gott dich wie einen Handschuh packt und ganz langsam über seine Finger stülpt.« (Robert Musil) Und du merktest, daß nicht Irrsinn und Statistik dir geschah, sondern du spürtest, wie du Gott vorzogst dem Unfaßbaren. In diesem Sinne hat Dietrich Bonhoeffer im Gefängnis gesagt, er sei froh, letztlich nicht in den Händen der Gestapo zu sein, sondern in denen Gottes.

Aber wenn sich das Schicksal um uns wie eine Faust ballt, dann sehen wir uns niedergerungen, sehen uns ins Gebet genommen: Ja, Dein Wille geschehe, dunkler Gott, Hauptsache, Dein Wille und nicht eine augenlose Weltmaschine überrollt mich. Du hast es erlebt, wie Zufall dir sich wandelte in Fügung und du hingebeugt wurdest in das

Notwendige. Und dein Angesicht wurde erhoben von der Kraft dieses Bittens: Dein Wille geschehe mir.

Aber diese Bitte hat wie eine Spiegelschrift eine Weisung bei sich: Dein Wille geschehe auch durch mich. Und warnend sagt Jesus: »Nicht die, die sich die richtigen Gedanken über Gott machen, werden sein Reich schon im Anbruch sehen, sondern die, die den Willen Gottes tun.« (Matthäus 17,21) Und darum sind die zehn Gebote in 2. Mose 20 nicht irgendwelches Bildungsgut, sondern die Grundregeln für gelingendes Leben. Sie bezeichnen ja die Grenzen, innerhalb derer Leben sich vollziehen muß, wenn wir uns nicht zerrütten wollen. Sie sind kein Eisengitter, sie sind eher ein Geländer: in dieser Region ist Freiheit grenzenlos, dort mußt du dich nicht ängstigen.

»Ich bin der Herr, dein Gott, der ich dich aus der Knechtschaft Ägyptens befreit habe. Du sollst nicht andere Götter haben neben mir.« Befreit aus der Knechtschaft, wie damals Israel aus Ägypten, so ich und du: Befreit vom Gehorchenmüssen. Ich muß keines Menschen Magd oder Knecht sein. Der mich erfunden hat; die Macht, die mich beatmet und die meinen Puls treibt und meine Sehnsucht mir einspeist, mir meine Zeit einräumt, mir Begabung und Handicap mitgibt; der mich will, einzigartig wunderbar, der ist mein Gott. Ich brauche keine anderen Götter neben ihm. Ich muß letztlich keinem gefallen, keinem muß ich hörig sein, keiner ist es wert, mich zu entmündigen.

Darum soll ich mir von Gott aus Irdischem kein Bild machen, keine Menschen oder Dinge mir zum Idol werden lassen, ich mir selbst nicht, du mir nicht, ich dir nicht, keiner soll mir Gott sein. Und die Liebsten? Das Schönste? Wohl Fenster auf Gott hin, aber nicht er selbst. Gott im Wald finden, am Meer, in einer Muschelschale? Daumenabdrücke vom Ganzen sind sie, aber nicht er selbst. Wir beten nicht die Sonne an, sondern danken für die Sonne. Natur ist nicht Gott, Natur ist Gottes Mantel, die Menschen sind Gottes Tempel, manchmal auch seine Lasterhöhlen, aber kein Bild Gottes, außer dem Jesus, Gottes Intarsie in unserer Seele.

Kein Mißbrauch des Namens Gottes: Ich will ihm Irdisches nicht beilegen, und wie oft tue ich es doch. Für wie viele Siege sang man Dankchoräle, obwohl die Kriege Verbrechen waren. Wieviel unrecht Gut wird mit milder Gabe verbrämt. Wie viele Erntedankfeste verschweigen Raubbau und Ausbeutung?

Du sollst den Feiertag heiligen: Eigentlich dich heiligen, dich heilen lassen an diesem Tag. Wir sind freigestellt zu feiern das Gutsein, Gutwerden des Lebens, sollen uns in gutem Zusammenhang wahrnehmen. Und unsern Wunschradar wieder eichen lassen auf das, was uns unbedingt angeht: die Atemzüge eines Sonnentages unter Himmel aus Marmor oder einen Gottesdienst nimm als inniges Versprechen Gottes, daß sein Wille dir geschehe. Und widme dich dem Wichtigsten überhaupt: daß Gott sich dir widmet.

Du sollst Vater und Mutter ehren: Sie sind doch die ersten Mitarbeiter Gottes, deine ersten Engel, in denen Gott dich erdete. Sie gaben, was sie konnten, nicht alle Welt, aber das ihnen Mögliche. Sie haben sich nicht für dich ausgesucht, sie waren dir bestimmt. Vater und Mutter ehren ehrt Gott als den, der sie mir zuwies. Und die Eltern brauchen deine Anerkennung und dein Vergeben. Hilf ihnen, Frieden zu finden.

Du sollst nicht töten: Du weißt es. Mit Albert Schweitzer: »Du bist Leben, das leben will, inmitten von Leben, das leben will.« Die Ehrfurcht vor der Kraft, die in jedem Energiebündel wirkt, ehrt ja dein eigenes Sein. Aber es gibt furchtbare Konfrontationen: entweder du oder ich. Dann mich an das Gebot halten, egal was daraus wird, verheißt Segen. Es läuft darauf hinaus: lieber leiden als Unrecht tun, lieber verachtet als gefürchtet werden. Bittend, dein Wille geschehe durch mich, weiß ich, was ich muß. Daß ich auch kann, was ich muß, ist Gnade.

Du sollst nicht ehebrechen: nicht deine Ehe zerbrechen, nicht einen aus seiner Ehe brechen, nicht in eine Ehe einbrechen – ein weites Feld jenseits von Besitz und Willkür. Nächstenliebe endet nicht an den Grenzen der Ehe. Der Ehegefährte ist der erste Nächste, an dem ich und mit dem ich die Nächstenliebe lerne: ihn in Freud und Leid nicht verlassen. Aber es gibt falsche Wahl, es gibt auseinanderklaffende Entwicklungen. Ja, du sollst dich nicht scheiden. Und vielleicht: was ein Totentanz geworden ist, muß doch geschieden sein, um beiden Überleben und Wachstum zu sichern.

Du sollst nicht stehlen: Würde, Besitz, Zeit, Liebe, Entwicklungsmöglichkeiten. Aber wo ist mein Geschicklichsein schon Stehlen, wo ist mein Behalten und Sichern und Prunken und Hilfe-Verweigern schon Stehlen?

Du sollst nicht falsch Zeugnis reden wider deinen Nächsten. Luther hat es unnachahmlich gesagt: »Daß wir unseren Nächsten nicht fälschlich belügen, betrügen, afterreden oder bösen Leumund machen, sondern ihn entschuldigen, Gutes von ihm reden und alles zum besten kehren.«

Du sollst nicht begehren deines Nächsten Eigentum: Begehren kommt von Gieren. Du brauchst dich nicht vergleichen auf der Haben-Ebene. Du bist gut dran mit dem Deinen. Das ist ein Vertrauenswort, keine Munition, die Wohlhabende ins Feld führen dürfen.

Die zehn Gebote zeigen die Richtung für gelingendes Zusammenleben. Kurz, klar, wahr, sind sie die Essenz des Willen Gottes. Luther läutet sie immer ein mit dem Satz:

»Wir sollen Gott fürchten und lieben.« Inständig und lange genug meinen Willen darauf abstimmen, was Gottes Wille ist, das gibt meinem und deinem Leben eine Gestalt, die nicht verpfuscht ist. Vor allem höre ich auf, Gottes Schwäche zu beklagen – Wo ist Gott? Wie kann er das zulassen? –, sondern nehme mich als Bestandteil von Gottes Willen wahr. Ich stelle nicht mehr entrüstet fest, was Gott versäumt, sondern sehe mich als Helfer gerufen.

Gottes Wille geschehe, geschehe durch mich. Beten wir »Dein Wille geschehe«, so beten wir uns auch als Handlanger dieses Willens zurecht, oder unsere Gebete wären nur Wortspreu.

Engel – gibt's die?

Gäb's keine Engel, wie sollte Gott mit den Teufeln fertig werden? Besonders Weihnachten ist Zeit der Engel, jener weißen Lichtgestalten, die Frieden ankünden. Die vorher der Maria die Schwangerschaft ansagen und nachher, als Josef heimlich Maria verlassen will, ihm den Befehl geben: Nimm Mutter und Kind zu dir. Engel tauchen auf, wenn Menschen in neue Umstände geführt werden; bei der Vertreibung aus dem Paradies und bei der Wiederherstellung von Paradies; und als die Auferstehung Jesu den Frauen und Männern des Jüngerkreises verkündet wird, sprechen Engel: Fürchtet euch nicht, Christus ist bei Gott und nicht im Tod. Einmal war der Prophet Elia völlig traurig und leer vor Kraftlosigkeit, er ging tief in die Wüste, legte sich unter einen Dornbusch und wollte nicht mehr, wollte nur noch sterben. Da brachte ihm ein Engel Brot und Wasser und den Auftrag: Geh zurück. Gott braucht dich. – Und die herrliche Geschichte von Petrus im Gefängnis: Der Engel des Herrn holte ihn raus. Und von Jesus heißt es: Als er die

Versuchung bestanden hatte, wich der Teufel von ihm, und die Engel dienten ihm (Matthäus 4).

Daß es gestaltgewordenes Böses gibt, darüber werden wir schnell einig. Anderer Menschen Häuser anzünden, Menschen töten, das ist böse, etwas Hochheiliges wird zerstört: das Vertrauen in den guten Weltgrund, Gott genannt. Das ist nicht bloß schlechte Erziehung oder Irrtum oder Dummheit oder Machtlust. Wer die heilige Substanz des Lebens – wir gehören förderlich zueinander – zerstört, der ist besessen, der ist Werkzeug böser Mächte. Manche Mörder und Hetzer haben tatsächlich Gesichter, aus denen jedes Antlitzhafte, Gleichnishafte, Lichtvolle verloschen ist. Sie scheinen tatsächlich des Teufels zu sein, sind personifiziertes Böses, das Heiliges zertritt. Es gibt böse Mächte, die durch die Seelen ziehen und sie auszehren, bis die Menschen nur noch Hülsen, nur noch Larven des Bösen sind. Um so wichtiger sind die Engel, die erlösenden, rettenden, heilenden Kräfte Gottes.

Engel brauchen keine Flügel. Auch keine weißen Kleider – sie kommen und gehen wieder, still und unerkannt. Nur hinterher wissen wir: Ja, das war ein Engel, ein Bote Gottes, einer, der die zerrissenen Fäden des Vertrauens flickte, Kerker sprengte. Wir haben schon erlebt, daß Hilfe zu spät kam, und dann war es, als ginge ein Engel traurig von uns weg, und wir konnten ihn nichts fragen. Das Bild vom Schutzengel trifft eine Wahrheit, die uns trägt. Er ist das Bild für gestaltgewordene Bewahrung. Der gerettet hat, ist Werkzeug. Wir sagen ja auch: »Du bist ein Engel« und unterstreichen damit, daß es wunderbar, ganz wunderbar war und ist, gerettet zu sein. Wir haben kein Recht auf Rettung. Das Tatütata ist für den Eingeklemmten wirklich Himmelsmusik, ist Antwort auf Gebet in äußerster Bedrängnis. Gottes Engel, ganz menschlich professionell. Wunderbar auch, wenn die Helfer dann Lob und

Dank abwehren: »Ich tat nur meine Pflicht.« Das haben Engel so an sich: Sie nehmen sich zurück, sie sind Türöffner für den Helfer, der in ihren Händen aktiv wird. Wissen, sie werden genutzt vom Lebenssinn, ist Engel-Art. Das Fliegenkönnen der Engel beschreibt ja nicht eine wunderbare Fortbewegungsart. Es ist ein Symbol. Warum können Engel fliegen? Weil sie sich leicht nehmen, sie wissen, es trägt sie einer. Das ist wieder keine Sachmitteilung, sondern eine Idee. Wie ja Engel Ideen Gottes sind, heilende, zurechtbringende Geistenergien.

Schon in der Bibel weisen die Engel in ihrem Namen von sich weg: Rafael – Gott heilt; Gabriel – Gott ist stark; Michael – Wer ist wie Gott? So sind Engel Verstecke Gottes. Gut, wenn wir uns beim Gutestun selbst als Getane, als Geführte, als Geschickte sehen. Begnadete Künstler wissen: Nicht ich male, sondern es malt in mir. Picasso sagte es so: »Ich suche nicht, ich finde nur.«

Wenn wir von Traurigkeit und Selbstzweifel eingekerkert sind und uns der richtige Mensch, eine erleuchtende Predigt, ein starker Auftrag trifft, dann merken wir, daß Engel an uns rütteln, uns zur Freiheit verhelfen. So viele Seelen stecken in Verliesen und werden doch herausgeführt, und Freundschaft bricht an, du wirst aus dem Schlamm deiner Verurteilungen erhoben, du hörst, wie Verschüttete im Bergwerk die Helfer hören, die sich näher heranarbeiten. Wenn unsere Seele umgekrempelt wird und wir von Dämonen abgekettet werden, wenn klärender Heiliger Geist uns erfaßt und Alpträume vom Sturm zerblasen werden, dann ist das ein mühsamer Prozeß. Rilke hat ihn so bedichtet: »Sie kämen denn bei Nacht zu dir, dich Ringender zu prüfen und gingen wie Erzürnte durch das Haus und griffen dich, als ob sie dich erschüfen, und brächten dich aus deiner Form heraus.«

Ein Engel ist die Schutzmacht deiner Seele, im Bild des

Engels strahlt dieser unversehrbare innere Kern, der doch nicht unser Besitz ist. Engel sind keine Wunschgebilde. Sie sind die heilende Energie, Wunschkraft, Seinslust, die Willigkeit, ich zu sein. All dies kann ich nicht machen, es wird mir zugetan. Das Zugetansein Gottes auf sehr persönliche Art ist uns im Bild vom Engel vorgestellt. Dies sehr persönliche »Für-mich-Dasein« Gottes, im Bild vom Engel dargestellt, fordert vielleicht auch die geschlechtliche Unklarheit, die wir mit Engeln verbinden. Es heißt zwar »der Engel«, und doch hat er weibliche Attribute. Dies meint, daß ich persönlich aufgefordert bin, nicht zu verschwimmen, nicht zu zerfließen, mich nicht als Rädchen im Getriebe zu verstehen, sondern glauben zu dürfen: Ich bin ich, und du bist du, ein jeder vom Ich der Welt berufen, bei seinem eigenen Namen. Engel, das sind die Kräfte, die uns stabilisieren als Person. Und so sind alle Menschen, die uns stärken, die uns als wichtig aufheben und annehmen, Engel; und wenn du einen Menschen stützt in seiner Wichtigkeit, dann bist du ihm Engel.

Nein, Engel sind nicht nur Menschen! Engel sind gute Kräfte in der Welt, die sich Menschen suchen, um Hand und Fuß zu gewinnen. Wenn du einen in Not siehst und willst dich abwenden und siehst dich doch hingeschoben zu ihm, dann weißt du hinterher, es war ein Engel, der dich schob. Manchmal sind wir nicht so, wie Gott uns meint, sondern sind träge Klötze, feige Pflaumen, Sofakartoffeln vor dem Fernseher; aber irgendwann spüren wir einen Stoß in die Seele, dann geht ein Engel durchs Zimmer und macht uns wieder zu Boten guter Mächte. Engel, das sind Gottes Kräfte, die uns animieren, daß wir uns in Gebrauch nehmen lassen. Mein, dein Engel macht uns menschlich.

Dienen – Verdienen

Dienen ist in unserer Gesellschaft ein Tabuwort, weil es besetzt ist mit viel Herrschaft und Knechtschaft und Sklaverei. Und da sind wir durch zweitausend Jahre Christentum doch wissend geworden, daß die Aufteilung in Herrscher und Diener nicht sein soll. Daß wir dennoch andere zwingen, uns zu dienen, ist im Weltmaßstab ganz klar: Für eine Mark Tageslohn Bananen pflücken, für eine Handvoll Reis den ganzen Tag arbeiten – wir wissen es alle: wir zwingen nicht mehr mit Peitschen, sondern mit Kaufkraft.

Die Lust am Geld, am puren Haben ließ den Wert der deutschen Aktien von einem auf den anderen Tag um drei Prozent fallen. Was war geschehen? Das Bundesverfassungsgericht hat dem Staat aufgegeben, Erträge aus Geldanlagen lückenlos zu besteuern. Nur ein Zehntel der Steuerzahler geben erst ihre Zinseinnahmen beim Finanzamt ganz an. Dabei brauchen auch sie das Geld nicht, um Brot zu kaufen oder für ein Dach überm Kopf. Sie wollen Geld, immer mehr, um sich immer mehr schützen zu können davor, daß sie dienen müssen, der Willkür anderer mal gehorchen müssen.

Wir fürchten so sehr, daß wir auch mal bitten müssen, wir wollen nie auf Hilfe anderer angewiesen sein. Das ist der Kern unseres Herrschaftswillens, andere zu unseren Gunsten in immer effizienterer Weise zu nutzen. Daß die Dienenden ihre Mühen gelindert bekommen und nicht zu sehr darunter leiden, uns zu dienen, werden auch die fördern, die an ihnen verdienen. Denn es fördert den Betriebsfrieden. Daß auch die Dienenden an ihrem Dienen mitverdienen, hat den Vorteil, daß es keine Revolte gibt.

Sich drücken vor dem Dienen liegt nicht nur den Wohlhabenden im Blut. Geld ist Verfügungsmacht, und der Appetit nach Verfügungsmacht steckt in uns allen. Jedes

Fischlein verteidigt sein kleines Territorium. Nur, bei uns Menschen herrscht die Tendenz, dies Territorium unbegrenzt auszudehnen, und das macht uns so gefährlich. Nicht fragen müssen, nicht auf Anerkennung angewiesen sein, nicht verhandeln müssen, sich nicht bücken müssen, nicht grobe Worte einstecken müssen, zuvorkommend behandelt werden, erleichtert uns viel.

Die Aufteilung in Herren und Knechte galt lange Zeit als natürlich, galt sogar als gottgegeben. Die Aufteilung in die da oben und die da unten schien lange mit einem herrischen Gott im Einklang, ja die irdischen Herren galten als Fortsetzung des Herrgotts auf Erden. Noch bei Luther galt der Hausvater für Frau und Kinder und Gesinde als von Gott eingesetzte Autorität. Bis in unser Jahrhundert galt der Offizier, der Polizist, der Herr Doktor, der Herr Pastor, der Herr Lehrer als mit überirdischem Herrschaftsanspruch ausgerüstet. Vielleicht haben wir Heutigen erst die Ohren dafür, welch grundstürzende Verwandlung Jesus angebahnt hat. Er hat die Maßstäbe vertauscht: »Wer groß sein will, der sei Diener aller. Ich bin nicht gekommen, mir dienen zu lassen, sondern um zu dienen.« (Matthäus 20,26.28).

Jesu neuer Maßstab wäre längst vergessen, wenn da nur ein Mensch mit hohen Idealen aufgetreten wäre. Aber dieser Jesus sagte: »Wer mich sieht, der sieht den Vater.« (Johannes 14,9) Damit stellt Jesus klar, daß Gott selbst sich nicht dienen läßt, sondern dient. Das Geheimnis der Welt will nicht mehr als Herr über allem hoch droben angebetet, sondern will in Gebrauch genommen sein. In Jesus bietet er sich selbst als Knechtgestalt an. Gott unterzieht sich dem Leid, er liefert sich dem herrischen Menschen aus. Er trägt die Sünde, den Unrat, die Qualen. Er packt nicht auf, sondern er läßt sich beladen. Gott läßt sich mit uns Lieblosen beladen.

In der Geschichte von der Sintflut (1. Mose 7–9) ist zunächst noch das andere Gottesbild am Werk, der herrische Gott, der die Nase voll hat von seiner Kreatur und alles, fast alles, ersäuft. Aber an den Rändern dieser entsetzlichen Geschichte erzählen die Überlebenden, daß Gott nicht mehr zuschlagen will. Und in Jesus gibt Gott uns sein Wort, daß sein Lieben die Welt bedient. Jesus wäscht den Seinen die Füße (Johannes 13), Gott mit Schürze – das hebt die irdischen Machtstrukturen aus den Angeln. Keine Macht mehr ist heilig, keine Kommandoebene mehr hat den heißen Draht zur Wahrheit. Keine Unterwerfung mehr ist gottgewollt. Wer aus den Gaben Gottes Instrumente macht, um anderen seinen Willen aufzuzwingen, sei es durch Geld, sei es durch Wissen, sei es durch Waffen, sei es durch Autorität, der handelt wider Gott. Gott ist die unerschöpfliche Quelle guter Möglichkeiten, und er hat mich nicht gemacht, damit ich anderen das Wasser dieser Quelle abgrabe. An den Gott des Jesus glauben heißt auch, an den uns dienlichen Gott glauben, der es so eingerichtet hat, daß das Leben uns gut bedient, wenn wir dem Leben gut dienen. Der uns so begabt hat, so ausgestattet hat, daß wir einander dienen und nützen können, der macht auch, daß wir, einander fördernd das Leben genießbar finden und machen können.

So ist es auch kein Kommando, sondern eher eine Gebrauchsanweisung fürs Leben, dieses berühmte Wort aus dem ersten Brief des Petrus: »Dienet einander, ein jeder mit der Gabe, die er empfangen hat, als die guten Haushalter der verschiedenen Gnaden Gottes.« (4,1) Luther hat zielsicher benannt, was gemeint ist, nämlich »daß wir unserem Nächsten helfen und ihn fördern in allen Leibesnöten, ihm sein Gut und Nahrung helfen bessern und behüten, ihn entschuldigen, Gutes von ihm reden und alles zum besten kehren, ihm das Seine zu behalten, förderlich und dienlich sind« (Kleiner Katechismus). Es ist dies der Entwurf für eine freundschaftsgetönte, geschwisterliche Menschheit, wo nicht einer dem andern egal ist, wo erst recht nicht einer des andern Aussaugeobjekt ist, sondern wo jeder gibt und nimmt im Verbund, aus freien Stücken, aus Zuneigung, aus Zueinandergehören; aus Mitfühlen, daß im andern genauso eine bedürftige Seele steckt, die hungert und sich ängstet und auch sich sehnt, wertgeschätzt zu werden. Dies zu wissen nicht als Lexikonwissen, sondern als Herzensbildung, als die gemeinsame Muttersprache, das ist gut, und darum sollen wir's!

Muß dies Sollen sein? Den Tieren muß man ihr Soll nicht beibringen, sie alle sind nahtlos eingeschweißt in die Nahrungskette. Nur der Mensch hat einen Spalt Freiheit für Denken und Wollen, für Entscheiden und Irren und Schuld. Der Mensch hat einen Spalt Freiheit für Vorlieben und Verachten. Im Tierreich dient eins dem andern automatisch. Aber wir müssen es wollen. Wir können uns verweigern. Wir können einander zum Fluch oder zum Segen werden. Das ist Glanz und Elend unserer menschlichen Würde.

Darum gibt uns der dienliche Weltengrund auf, einander dienlich zu sein. Dies erklärt uns zuallererst einmal für gleichwertig. Keiner ist dazu bestimmt, sich nur bedienen zu lassen, als sei er der Zweck des Lebens. Zu Haushaltern der vielerlei Gnaden Gottes sind wir bestimmt. Das stellt uns das gemeinsame Haus, den gemeinsamen Haushalt Gottes vor Augen. Griechisch: »oikos menos« – das gemeinsame Haus; Ökumene – gemeinsame Weltfamilie; Ökonomie – die Lehre vom Haushalten. Auch wenn wir hier immer individueller existieren können, nicht mehr Angst haben müssen vor Wasserfluten und Feuersbrünsten, nicht mehr gezwungen sind, in einer Großfamilie auf Gedeih und Verderb unter einem Dach zu leben unter dem dauernden Zwang, auf Schritt und Tritt Rücksicht nehmen zu müssen, so bleibt doch: Du mit deinen Gaben brauchst die, die dich brauchen. Du mußt dein Leben ausgeben; deine Lust, Frucht zu bringen, mußt du gestalten. Du bist ein offenes Ende vom Lebenswillen. Du mußt dich mit anderen offenen Enden verknüpfen lassen, mußt dem Leben dienen, damit es dir dient. Also biete dich an, lern dazu, misch dich ein, laß dich erreichen von Hilfeschreien, stummen Blicken! Laß dich vermengen, bleib nicht für dich hinter einer Mauer aus Argwohn und Geld oder Dünkel oder deinen Versager-Ausreden! Fädele auch andere wieder ein, kümmere dich, sonst wirst du verkümmern, werde liquide, gib dich aus! Sieh dich als gute Investition Gottes, darum bittet er dich.

Ich – Herr meiner selbst?

Einem Sylter von Herkunft schenkte ich zu seinem fünfundsiebzigsten Geburtstag ein Buch mit fromm klingendem Titel. Er nahm es an und zog seinerseits ein Buch aus dem Regal, eine Biographie, und er deutete auf die Titelseite innen. Da stand: »Dies Buch handelt von einem Friesen, aus dem Volk also, dessen Religion die Freiheit ist.« Ich lachte und sagte: »Ich verstehe: Für diesen Friesen war christlicher Glaube näher an Knechtschaft.« Und er: »Ja, meine Religion ist die Freiheit, die Persönlichkeit.« – Zur Kirche hab' ich ihn nie gekriegt.

Wer wäre nicht gerne eine seiner selbst mächtige Persönlichkeit, wäre nicht gern Herr seiner selbst? Doch Paulus zeichnet ein Gegenbild dazu von wahrem Menschsein: »Ihr seid der Leib Christi und jeder von euch ein Glied daran.« (1. Korinther 12,27)

Offenkundig harmonieren wir nicht wie Glieder an

einem Leib, wollen auch und können auch gar nicht alle Freude und alles Leid teilen. Wenn die Tochter das Siechwerden ihrer Mutter als ihr eigenes erlebte, müßte sie mit ihr sterben. Und wenn ich auf allen Hochzeiten tanzen wollte, wäre ich völlig zerrissen. Du, ich – wir wollen Eigenes! Bis hin zur Trauer brauchen wir Eigenes, von Beileidsbesuchen bitten wir Abstand zu nehmen. Also doch ein Lob auf die selbstmächtige, souveräne Persönlichkeit? Ein wenig sicher. Doch der freie Bürger, der freie Fahrt fordert und für seinen Hund freie Entleerung und der es für Freiheit hält, zwei Stunden und vierzig Minuten täglich fernzusehen, ist die Karikatur einer freien Persönlichkeit.

Es hatte mal so schön angefangen, so herrschaftlich lernte man in Israel denken vom Menschen »als wenig niedriger geschaffen denn Gott, mit Ruhm und Ehre hast Du ihn gekrönt mit dem Auftrag an den Menschen, die Natur untertan zu machen« (Psalm 8). Diese Emporhebung des Menschen und die Indienstnahme der Natur machte sich schleichend eigenständig. Die Verbindung zu Gott wurde schwach, das Eingebildetsein auf die eigene Größe wuchs. Wir meinen doch: aus mir heraus bin ich groß, weil ich schön oder reich oder gebildet oder mächtig bin. Und als Beute des Glaubens von einst nahmen wir mit, daß die Natur nur Material für unsere Wünsche sei. Die Wissenschaft forscht weiter, wie Natur immer besser unserer Gier zu unterwerfen ist. Natur wird den Dingen ausgetrieben, aber die vergewaltigte Natur kommt wieder in Form von Salmonellen und Aids und Allergien und Ozonloch.

Ich – Herr meiner selbst, es fing ja so schön an. Der Glaube an den befreienden Gott, der Glaube, dem dann alle guten Dinge möglich sind, verkam zur Meinung, alle Dinge seien möglich durch Willen und Tat. Wir nahmen unser Schicksal selbst in die Hand und hielten es für demütigend, sich aufdrücken zu lassen – Kinder, Krankheit, Altwerden, Tod. Wir wollen kein Schicksal mehr, nur noch Selbstgewähltes. Doch das Schicksal kommt zurück als Unfall und Psychosen zum Beispiel.

Ich – Herr meiner selbst, es fing so schön an. Jesu erlöste aus den Zwangsbanden von Tempel und Nation und Land und Familie. Die Heiligkeit dieser Institutionen waren von Jesus abgetan. Aber ohne diesen Jesus macht man seine eigene Person oder seine eigene Familie zum Tempel oder doch wieder die Nation. Und Familie verkommt zum sozialen Basislager, und Ehen dauern, solange es gutgeht.

Ich – Herr meiner selbst? Es fing so schön damit an, daß wir den Nächsten lieben sollen wie uns selbst. Aber seitdem wir vergessen haben, daß Gott uns liebt, bezweifeln wir ja zu Recht, daß wir liebenswert sind, und halten uns an unsere Zweitwerte und stellen unser Prestige heraus oder unser Outfit oder unser Erfolgreichsein. Und der Nächste ist nützlich oder bedrohlich oder nur egal.

Das Modell der selbstmächtigen Persönlichkeit aus sich heraus ist eine Pleite. Wo lauter selbstsüchtige Individuen sich ihre kleine Oase erzwingen wollen, ist die Menschheit zum Aussterben verurteilt. Es hilft nur dies eine, daß wir wieder Zusammenhang *und* Persönlichkeit finden, nicht die isolierte eigenmächtige Person, sondern ich eingebettet in gute friedensstiftende Bindung.

Jeder von uns ein Glied am Leib Christi – das könnte die Tendenz zeigen. Ein Leib in Christus, aber untereinander gleichwertige Glieder mit verschiedenen Gaben und Aufgaben. Du, ich – wir haben teil am wahren Menschsein, das wahre Menschsein dargestellt in Christus. Einander erkennen wir uns als Glieder eines Ganzen. Wie im Fußballstadion oder bei hinreißender Musik durch jeden einzelnen die Spannung des Ganzen zieht und er die Spannung des Ganzen mitformt, spüren wir uns als Klangkörper, als

Mitspieler eines Ganzen. So sind wir noch auf vielen anderen Feldern des Lebens doch Glieder heiligen sprühenden Lebens, das von der Tiefe Gottes getragen ist. Das Bild vom Leib und den Gliedern könnte unser Verwandtsein untereinander uns wieder aufdecken. Manch einer hat seine Bindungen gekappt, oder er ist verstoßen worden und sieht sich jetzt an einem selbstgespeichelten Faden nur noch hängen wie ein Spinnlein im leeren Raum (Botho Strauß).

Wo ist der Leib, zu dem du, ich Glied sein darf? Christliche Kirche garantiert, daß es eine Gemeinschaft der Heiligen gibt. Es ist ein Leib, der Projekt des Heiligen Geistes ist, nicht durch Blutsbande oder Besitzinteressen zusammengehalten, sondern quer durch alle Unterschiede eine Geschwisterschaft anderer Art. Wenn einer in Afrika oder Ostasien war und einen christlichen Gottesdienst mitfeierte und kein Wort verstanden hat, zog doch Heimatgefühl durch seine Seele, man entdeckt sich als zugehörig. Und wenn dich einer aus einer engen Parklücke herauswinkt oder wenn du gefallen bist und ein Fremder dir seinen Mantel unterlegt oder wenn einer keinen Vorteil zieht aus deinen Fehlern, dir dein Verlorenes wiederbringt: Du hast doch die geheime Verwandtschaft der Menschen erlebt, diese Gemeinschaft der Heiligen quer durch alle Unterschiede, du hast sie auch erlebt und selbst gehegt.

Bei aller Scheu vor Fremden – wie hat dich ein verzweifelter Blick gerührt! Nach der Schrecksekunde – du wolltest dich schon unsichtbar machen – ließest du dich doch verwickeln, machtest sein Problem zu deiner Sache. Du sahst dich doch als Stellvertreter guter Mächte. Du sahst dich auch als Platzhalter für zukünftige Möglichkeiten. Und ließest dir auch Stellvertretung geschehen: Krankenhaus, Pflegeheim, Abschied von den Kindern. Du gabst sie in gute Hände. Du glaubst sie in guten Händen, auch wenn du nicht mehr bei ihnen bist.

Du bist letztlich getragen von einem unsichtbaren Leib des Lebendigen und läßt diesen Leib mitgedeihen. Das ermächtigt dich zur Persönlichkeit. Nicht du wirfst dich auf zum heroischen Helden des Persönlichen, sondern du siehst dich als Knospe am Baum des Lebens. Darum brauchst du keinen Kult aus deinen Eigentümlichkeiten zu machen, brauchst nicht dein Wissen zu vergötzen, als sei es das Ganze. Aber du darfst dich als wichtig glauben, als einzigartige Energieansammlung im guten Ganzen. Mit deiner Biographie, deiner Begabung, deiner Torheit Glied am Leib Christi, darum ewig gültig, nicht aus Anerkennung, Anerkennung, die du erbeutest, sondern durch Geliebtsein bist du ewig gültiges Glied am Leib Christi, am Leib des Lebens, geliebt aus den Tiefen Gottes.

Leise können wir wieder lernen die Teilhabe aller am Guten, die Heiligkeit der Schöpfung, die Würde der Dinge, die Tragfähigkeit heilsamer Ordnungen. Das Ideal der selbstmächtigen Persönlichkeit müssen wir begraben. Auferstehen kann die Person, die aus dem Zusammenhalt des Lebens dankbar ihre Kraft zieht und ihre Kraft in den Zusammenhalt des Lebens einspeist. Nicht Freiheit als Religion, sondern Halt und Freiheit aus der Religion der Freiheit geschehe uns.

Freispruch zum eigenen Maß

Wir brauchen für unser Zusammenleben Gesetze, Ordnungen, Verhaltensweisen. Wir können nicht die Regeln beim Spiel erst erfinden und umstoßen, je nach Muskelkraft. Das war ein langer Weg zu Geboten, die als Rahmen der Freiheit taugen. Die Grundgebote liegen vor. Die Ausführungsbestimmungen müssen wir je neu verabreden, den verwandelten Bedingungen entsprechend. Gebote,

Gesetze, Regeln sind nötig, damit es mit rechten Dingen zugehen kann. Jeder weiß dann (oder kann es jedenfalls wissen), was im Rahmen des Erwarteten und des Verabredeten liegt. Und gibt es Streit, dann kann man prozessieren, sich bei zur Strafe berechtigter Stelle Hilfe und Schutz holen. Aber gerechtes Recht und Urteil ist »eine knappe Ressource« (Ernst Benda), und wir sollten sie pfleglich behandeln. Ich weiß von meiner Schwäche in Sachen Selbstbeherrschung genug, um Staat, Gesetz und Justiz zu wollen, im Notfall auch gegen mich.

Wer Arbeit anderen zuteilt oder Häuser vermietet oder Geschäfte macht oder unterrichtet oder operiert – eigentlich jeder muß Recht zu schätzen wissen zu seines und des anderen Gunsten. Wer fremdes Geld verwaltet, muß Revision nicht nur zulassen, sondern verlangen, und sei es zur eigenen Entlastung. Die eigene Versuchbarkeit – wer sie nicht kennt, ist am meisten gefährdet. Und wer seine Meinung für die Wahrheit hält, ist gemeingefährlich. Wir haben höchstens Wahrheitsvermutungen, wir brauchen Gespräch, Beratung, Erinnerung, Ermahnung. Woher nehme ich meine Würde? Vom Rechthaben? Vom Besitzhaben? Nehme ich meine Würde daraus, daß ich begehrt bin?

Jesus war begehrt: »Einer forderte Jesus auf: Sage meinem Bruder, daß er mit mir das Erbe teile! Er aber sprach zu ihm: Mensch, wer hat mich zum Richter oder Erbschlichter über euch gesetzt? Und er sprach zu ihnen: Seht zu und hütet euch vor aller Habgier, denn niemand lebt davon, daß er viele Güter hat.« (Lukas 12,13–15) Jesus beläßt es bei der allgemeinen Warnung vor Habgier. Er will nicht Richter sein. Das ist nichts gegen alle Justizberufe. Da kann man viel Ordnung mit besorgen. Ein Gemeinwesen kommt nicht ohne Juristen aus. Aber Jesus will nicht Richter sein. Was steckt dahinter?

Richtet nicht! Das spricht mich an, in meiner Lust, es besser zu wissen, besser zu sein als andere. Und daß diese Lust üblich ist, wissen wir alle. Unsere Leistungsgesellschaft heißt ja so, weil viele es besser machen, vor allem besser wissen wollen. Sie bringen Leistung und wollen zeigen, daß sie sich etwas leisten können. So führen wir den anderen die Symbole von Leistung vor, sei es ein Benz, sei es ein teurer Füller oder eine Incentive-Reise. Wir jubeln uns gegenseitig empor, unsere Gesellschaft hat das Vergleichen und Konkurrieren zur hohen Kunst entwickelt. Aber Jesus sagt: »Richtet nicht!« Und meint: Vergleicht euch nicht, nehmt nicht einander zum Maß. – Warum nicht? Ihr seid verschieden gemeint. Und darum habt ihr ein Recht darauf, ungleich zu sein.

Mütter und Väter wissen davon, auch mütterliche/väterliche Lehrer; drei Meter fünfzig Weitsprung ist für den einen viel, für den anderen wenig. Aber die Kinder untereinander, die Geschwister? Sie wollen Gerechtigkeit. Jedem dasselbe! Natürlich weiß jeder, warum ihm noch besondere Zuschläge eigentlich zuständen. Man zürnt als Ältester schon sehr, wenn bei der Mitarbeit im Haushalt die Jüngeren sich drücken. Da kann man schon zürnen. Doch das sollen wir nicht. Aber Gerechtigkeit hat doch auch ihren Wert.

Jesus sagt: Tu du das Deine – doch halt dich zurück, andere schulen zu wollen. Schütz andere vor deiner Habgier, schütz dich vor ihrer Habgier, auch ihrer Bequemlichkeit, die ja auch Gier ist, Zeit für sich zu haben auf Knochen anderer. Aber richtet nicht! Zürnt nicht! Wer zu seinem Bruder sagt: »Du Nichtsnutz«, der ist des Gerichts schuldig. Und wer einem sagt: »Du bist ein Narr«, der ist des höllischen Feuers schuldig. Denn »Du Nichtsnutz« richtet ihn hin, »Du Narr, du Blödmann, du Tränensuse, du Schwachkopf« stößt ihn in die Hölle der Verachtung

(Matthäus 5,22). Das Elend des Richtens ist, daß wir damit immer die anderen entwerten und klein machen.

Wie aber ablassen von dieser Lust zu disqualifizieren? Wenn wir wüßten, daß der andere keine Macht hat, uns klein zu machen, vielleicht würden wir dann auch auf unsere Schlecht-mach-Kraft verzichten. Vielleicht würden wir dann unsere patriarchalischen / matriarchalischen Zensurwerkzeuge abrüsten. Vielleicht würden wir dann verzichten auf das Privileg, zu loben und zu tadeln. Diese Verwandlung, diese Entwaffnung von Zensurwerkzeugen kann uns passieren, wenn der einst gefürchtete Vater zahnlos und gütig wird und die einst druckvolle Mutter endlich dankbar. Und wenn der geliebte und gleichzeitig gefürchtete große Bruder seinen ersten Herzinfarkt bekommt und wenn der schönen Schwester die Ehe zerbricht. Dann, wenn sie endlich einmal nicht mehr weiter wissen, die sonst immer sagten, wo es langgeht, wenn sie zu Bittenden werden, dann kann Barmherzigkeit in uns aufblühen.

Aber Jesus sieht noch ein anderes Treibmittel, um von diesem Richten und Vergleichen abzukommen. Unser Gewissen will ja einen ganz anderen Freispruch als das Urteil der anderen. Was nützt es mir, wenn mein Kumpel mich für toll hält, nur weil wir zusammen ein krummes Ding gedreht haben? Ich weiß doch, daß ich ein mieser Typ bin. Auch wenn andere nicht besser sind, schäme ich mich doch meiner grausamen Gedanken und Taten. Denn du, ich, wir sind ja innen an Gott angeschlossen. In uns hängt ein Mikrofon von Gott her. Vater, Mutter, Lehrer, Chef, die alle kann man überlisten, aber Gott weiß! Und du und ich wissen, daß Gott es weiß. Und gegen Gott kann nur Gott helfen. Dein Gewissen verklagt dich bei ihm, doch Gott umarmt dich und schluckt deinen Gewissensmüll. Und schickt dich wieder los, immer noch mal: gib dich aus, gib dich rein ins Zusammenleben, knüpf noch mal an, versuch noch mal, auf Frieden hinzuwirken mit etwas weniger Habgier als gestern. Aber immer kommen wir wieder mit der Beute von Gut und Böse beladen. Jeder Tag endet so. Doch Gott ist immer da und sammelt nachts die Scherben auf, so daß wir morgens noch einmal beginnen dürfen.

Darum eigentlich ist mein Richten anderer wirklich anmaßend. Ich weiß doch von mir genug, um zu wissen, daß meine miese Seite wirklich ein Balken im Auge ist, gemessen an dem Splitter, den ich beim anderen sehe (Matthäus 7,3). Wir sind mieser, als der andere das weiß. Unsere chaotischen Träume, unsere gewalttätigen Gedanken sind doch Realität. Und Gott weiß sie auch. Und Gott liebt dich mit deiner durchwachsenen Realität. Das ist der Kredit eines glücklichen Glaubens. Wer von ihm getragen ist, muß den anderen nicht herabsetzen, kann jedem sein eigenes Gewissen und seinen eigenen Spielraum, sein eigenes Muster von Pflicht und Freiheit lassen. Einer denkt genauer, der andere großzügiger, einer gibt und nimmt bis zur Schlampigkeit, und der andere hält seine Sachen zusammen und schont sie und belästigt möglichst auch keinen, tut sich aber auch schwer, sie auszuleihen... Ein Kind will immer seine eigenen Kleider und seinen eigenen Kleiderschrank, und das andere greift in einen Schrank und zieht an, was es braucht; so verschieden sind wir.

Die verschiedenen Gewissensmuster kommen aus Erziehung, Erfahrung, Familienkonstellation und Erbe. Und aus verschieden geformten Träumen vom Paradies! Der eine träumt sich auf eine einsame Insel, der andere träumt ein Schiff voll Freundinnen und Freunde.

Die ersten Christen in Rom vor bald zweitausend Jahren wollten mit Jupiter und Mars und wie die Tarnnamen für Gott damals auch sonst hießen, nichts zu tun haben. Und da gab es Christen, die kein Fleisch aßen, weil es möglicherweise von Götzenopfertieren stammte. Paulus sagt:

»Ich bin gewiß in Jesus Christus, daß nichts unrein ist an sich selbst. Nur für den, der es für unrein hält, ist es unrein. Wer aber zweifelt und dann doch ißt, der ißt es sich zum Gericht, denn es kommt nicht aus Glauben; was aber nicht aus Glauben kommt, ist Sünde. Habe du deinen Glauben vor Gott und dein Maß vor Gott. Laß andern ihr Maß; wer aber bist du, daß du das Maß eines anderen richtest? Er steht oder fällt seinem Gott, und Gott wird ihn aufrecht stehen machen.« (Römer 14)

Darum: ohne zu richten, ohne mich mit andern zu vergleichen, das tun, was ich für gut erkannt habe im Sakrament des Augenblicks. Gott vergleicht auch nicht; er gleicht aus. Das ist meine und deine Chance, und du und ich, wir werden genießbare Menschen.

Dein Wille – Kinder?

Menschen tun sich heute schwer, Kinder sich zu wünschen. Meldungen über den Zustand des blauen Planeten sind niederschmetternd. Hinzu kommt die Skepsis, daß man selbst zu egoistisch sei, und auch wohl Selbstzweifel, ob so einer wie ich der Erde noch mal gut zu Gesicht stehe. Das Bündel der Argumente gegen Nachwuchs ist schwer: Werden einst Kinder ihre Eltern verwünschen? Der Prophet Jeremia greift noch tiefer: »Verflucht sei der Tag, an dem ich geboren bin. Warum bin ich denn aus dem Mutterleib hervorgekommen, wenn ich nur Jammer und Herzeleid sehen muß und meine Tage in Schmach zubringe?« (Jeremia 20,14.18) Und Hiob klagt Gott direkt an: »Warum hast du mich aus meiner Mutter Leib kommen lassen? Ach, daß ich umgekommen wäre und mich nie ein Auge gesehen hätte.« (Hiob 3,11)

Bekannt ist die Geschichte vom Kindermord in Bethlehem (Matthäus 2,16–18). König Herodes, als er von der Geburt des Retters hört, sieht seine Macht bedroht. Er befiehlt, alle männlichen Säuglinge bis zu zwei Jahren in der Gegend umzubringen. Immer schon gab es Grund zu fragen: In welche Welt setzt Gott seine Kinder? Es ist doch eine Welt, in der die Liebe schwach ist und die Liebenden unter die Räder von Neid und Gehässigkeit kommen können und der liebevollste Mensch ans Kreuz geschlagen wird.

Wie kann da Gott ein Kind ins Sein rufen, noch in solch einer Identität mit sich selbst? Solange die Kinder als natürliche Produkte und Zeugen und Gebären als Normaltakt der Schöpfung gelten, hat Gott damit ja nur von ferne zu tun. Aber genau diese biologische Betrachtungsweise schlägt Gott in Stücke. Für diesen Jesus haftet der Urheber des Lebens eindeutig. Dafür daß Gott für diesen Menschen eindeutig, nahezu ausschließlich haftet, fanden die Christen das Bild von der Geburt aus der Jungfrau Maria: Eben nicht gezeugt aus Naturtrieb oder Elternliebe oder Versorgungsansprüchen, sondern als Willensakt des Weltwillens.

Jesus hört später in seiner Taufe die Widmung: »Du bist mein lieber Sohn, an dem ich Wohlgefallen habe.« (Matthäus 3,17) Und diese Gravur der Seele, wie sie Jesus erhält, geben wir unseren Kindern weiter in der Taufe. Wir übertragen Jesu Wesen auf jedes Kind: Du bist Gottes geliebtes Kind, an dem Er Wohlgefallen hat.

Wir Eltern stellen uns damit in die zweite Reihe: Wir – Diener, Engel, Wegbereiter, Schoß Gottes, wir zeugen. Aber eigentlich sind wir nur Zeugen für die Kreativität vom Geheimnis der Welt. Letztlich haben auch wir dieses Kind empfangen vom Heiligen Geist. Wir bringen es auf die Welt. Es wird uns geschenkt. Es ist uns anvertraut für ein Stück Weg. Und über jedem Kind scheint der Stern von Bethlehem. Jedes Kind ist ein Kind der Verheißung:

Durch dich, Ehre sei Gott, durch dich werde Friede auf Erden, und wachse das Wohlgefallen der Menschen aneinander (nach Lukas 2,14).

In der Geburt des Jesus bindet sich die Allmacht an die menschliche Ohnmacht. Nicht nur dem Namen nach, sondern real wird Gott Mensch. Zieht unsere Lebensläufe an als seine Strecken Biographie. Er setzt durch unsere Leben sich seinen Leib zusammen; er gestaltet in unseren kleinen Lieben seine Liebe. Viel Böses, Gott Entzogenes ist auch noch da. Warum? Ich weiß es nicht.

Aber in Jesus ist erschienen das »Ja« Gottes (2. Korinther 1,19). In Jesus ist unsere wahre Bestimmung ablesbar. Unsere Würde ist es, Gottes Mensch zu sein, ein Wort Gottes zu sein – wieviel Erde und Trieb und Gier auch an uns hängen. – Wie blind fürs Ganze, wie scharfsichtig fürs Naheliegende, Vorteilhafte, und doch will Gott mit dieser Brut zu tun haben. Der Prophet Jeremia, der so bitter seine Geburt widerrufen will, hört als Wort Gottes: »Ich kannte dich, ehe ich dich im Mutterleib bereitete.« (Jeremia 1,5) Das ist wohl der tiefstgegründete Sinn meines und deines Daseins. Es ist ein Weltwille, der uns kannte, bevor wir gezeugt und geboren wurden, der uns will, wie wir auch werden, und der mit uns zurechtkommt, der uns sich gefallen läßt, was immer auch daraus wird.

Was wird daraus – aus der Menschheit, aus Jammer und Freudengeschrei, aus Menschen wie Stalin und Mutter Teresa, Hitler und Bonhoeffer, aus Tyrannen und Jesu Jüngerinnen und Jünger? Diese Erde und diese Erdenzeit ist nicht auf Dauer. Jedes Leben hier ist begrenzt, auch die Erde ist Schöpfung und wird mal ausgedient haben. Aber wenn Gott sich so innig mit Erde und Mensch verknüpft hat, dann wird er die Ernte hinüberretten, dann wird er die Erfahrung von Leid und Lachen bei sich behalten, wird niemals ohne uns sein. Darauf ist Jesus das Ja und Amen.

Wo – wie? Wir wissen noch nicht einmal, wie viele Nullen eine Milliarde hat, obwohl wir es schon tausendmal im Leben gehört haben. Wir können noch nicht einmal einen Kreis rund aus der Hand zeichnen. Wir wissen noch nicht einmal, wie ein Telefon funktioniert – und da soll uns verständlich sein, wie Gott uns ewig liebt? Laßt uns doch zufrieden sein damit, daß wir neugierig und offen sind für das Kommende. Und daß du und ich ein Baustein in Gottes Werk sind. Seine Liebe strömt wie der Atem durch die Trompete, und daß Gott aus unserem Leben einen geziemenden Ton rausbringen will, das könnte uns doch Motiv für Leben genug sein. Aller Mühe ist es wert, diesen Krümel Gewißheit zu behalten und diesem Krümel Gestalt zu geben und nach besten Kräften viel Gutes und wenig Böses zu tun.

Zum Besten, dessen wir fähig sind, sollten wir damit beauftragt sein, ist Vater- oder Muttersein. Kindern mütterlich/väterlich das Leben aufzuschließen als hoffnungsvoll und lebenswert, das ist wohl die intensivste Kooperatorenschaft, die Gott uns einräumt. Für Kinder dazusein, ihnen Zukunft einzuräumen, macht uns wichtig wie sonst nichts.

Natürlich geht es nicht mehr darum, möglichst viele Kinder ins Leben zu rufen. Das herrliche Bildwort »Ins Leben rufen« läßt anklingen: Sie mögen schon anderwärts bei Gott sein, wie ja die, die aus dem Leben heimgerufen sind, bei Gott sind. Wir müssen nicht möglichst viele Kinder ins Leben rufen. Der Auftrag: »Seid fruchtbar und mehret euch und füllet die Erde« (1. Mose 1,28) ist erfüllt. Aber wer ins Leben gerufen ist, dem soll Leben keine Strafe sein, und er soll keine Last sein. Jesus sagt mal: »Wer eines dieser Kleinen aufnimmt, der nimmt mich auf« (Matthäus 18,5), der nimmt ein »Ja und Amen« Gottes an.

Unser
tägliches Brot
gib uns
heute

Unser tägliches Brot gib uns heute

Diese Bitte orientiert uns erst mal, sie weist uns den angemessenen Platz zu. Wir sind im Wesen Bittende, Bedürftige, Angewiesene, zu Nährende. Bittende sind wir hauptsächlich. Jeder nächste Atemzug steht aus, ob er gewährt ist, wissen wir erst dann. Jedes weitere Herzschlagen ist Zukunftsmusik. Was den Sinuspunkt, den Zentralmuskel unseres Herzens pulsieren läßt, wissen wir nicht, weiß kein Arzt. Wir wissen nur, daß das Herz jetzt veranlaßt ist, zu schlagen. Ob gleich noch, wissen wir dann. Von Natur her sind wir Ausgestreckte, voll Aussicht, Angst, Hoffnung – Bittende eben im wesentlichen.

Unser tägliches Brot gab er uns bis heute. Daß wir nach vorn überhaupt bitten können, verdanken wir dem Bekommenhaben. Auf welche Fülle von Gewährung und Ernährung und Gesundheit und Gemeinschaft blicken wir zurück! Wir sind wandelnde erhörte Gebete. Unfaßlich, was wir schon verbraucht haben, was uns nährte und hegte. Die Fülle guter Gaben, die wir empfingen, ist unermeßlich; würden wir denken, wir müßten danken von ganzem Herzen, von ganzem Gemüt – und dürften nur bitten um noch einen nächsten Atemzug, noch ein Essen, noch einen Kuß, einen Augenblick noch – um zu danken für alles, alles.

Allein der eine gestrige Tag war doch auch dir randvoll mit Leben. Du warst ganz in Anspruch genommen vom Hier-sein-Dürfen. Dieser eine Tag wäre doch schon ein Leben wert gewesen. Diesen Tag in die Schatztruhe deines

Ichs eingebracht mit Bewußtsein wäre schon ein überquellendes Maß. Wieviel hinzuzubitten getraust du dich ernsthaft? Wieviel, meinst du, stehe dir noch zu und mir, nach so viel Leben? Hast du und ich, haben wir nicht schon die Fülle gehabt? Ja, noch bitte Brot für heute, um heute noch wesentlich zu werden, ein dankbarer Mensch. Und um loslassen zu können mit leichter Hand. Morgen schon könntest du mich rufen. Ich habe das Leben in Fülle erfahren an diesem Alltag. Und wenn wir erst gedenken der Sonntage, Sonnentage...

»Unter Seinem großen Himmel lagst du am Strand, lagst im Sand wie auf Gottes flacher Hand. Über dir Blau über Blau mit weißen Streifen und zur Seite das Meer im großen Halbkreis, immer mit Himmel verwoben. Und ringsum Menschen, fern genug, nah genug. Und du, frei, zu bleiben und zu gehen. Und du bliebest am Meer, das dir gluckste und in Wellen sich vor dich hin aufs Land warf. Rhythmisch atmete es und leckte an deinen Füßen und blieb in seinen Grenzen völlig gehorsam. Das Meer konnte tosen und brodeln, blindwütig, ekstatisch, gepeinigt, ein einziges großes wildes Untier außer Rand und Band, tobsüchtig in seinem Aufbegehren gegen seinen ewigen Zwang, Natur zu sein. Und es reißt Land ab, schleppt Heimstatt und Festland weg in blinder Gewalt. Und es kann aber auch daliegen als ein bleicher Spiegel wie ein vergessener Putzlumpen.« (Ernst Penzoldt, Sommer auf Sylt) Und du darfst im Meer baden – welch ein Glück, wenn die Wellen verträglich hochgehen und sich auf deine Schultern laden. Und der Boden fliegt unter dir weg, und du bist ein Spielball, ein denkender, dankender Spielball, wieder mit Grund unter den Füßen. In wehender Gischt schreitest du, silbern oder golden beschienen, erschöpft an Land und bist entronnen der kraftvollen Umarmung, und du leckst das Salz dir von den Lippen, und es schmeckt nach dir selbst, nach deinen Tränen – auch in uns noch eine Handvoll Meer, von dem wir alle kamen.

Und du ruhst dich aus, spähst immer wieder hin zu diesem größten Organ der Erde, schaust seine vielen Antlitze, je nach Wind und Himmel und Sonne und Zeit verschieden. Diese dynamische Masse, voll Grund und Abgrund unendlich in die Weite gespannt, aber hart zu deinen Füßen in einen Bann gelegt, abgezirkelt respektiert es das Land allermeist und zieht sich bei Ebbe noch ein Stück weit zurück, wird zurückgezogen. Voll Leben das Meer und voller Trauer, ein Taumel von Geboren-Werden und Sterben: Labor Gottes, wo mit Händen zu greifen ist, was der Tod eigentlich ist – »der Kunstgriff Gottes, mehr Leben zu haben« (Johann Wolfgang Goethe). Das Meer, ein vollkommenes Stück Wirklichkeit, voller blinder Lust, zu sein. Und du darfst es bedenken: »Was ist der Mensch, daß Du, Gott, seiner gedenkst?« (Psalm 8,5)

Daß wir geschaffen sind, bedenken zu können, das ist Gottes Intensität in uns und macht sein Interesse an uns. Und du liegst auf dem Sand und kuhlst dich ein in den warmen Stoff und häufst ihn unter den Kopf zwecks Übersicht. Und deine Hände spielen Zeit: du läßt den Sand durch die Finger rinnen. Du siehst die Riesensanduhr deines Lebens. Alles Fließen ist Vergehen, unwiederbringlich vorbei. Diese Spanne Zeit, in der du Sand aufhebst und durch die Finger rieseln läßt, exakt in dieser Spanne sterben Menschen in Somalia an Verdursten und sterben Menschen in Bosnien an Haß, und exakt in dieser Spanne Zeit tanzt beim Feuerwehrfest in Keitum ein kindergelähmtes Kind, auf seine Krücken gestützt, begeisterter als alle anderen, und steigen die Sieger des Sports aufs Medaillentreppchen,und du siehst die Zeit. Diese wichtigste Wahrnehmung wird dir zuteil: du lebst, du darfst noch sein.

Und du nimmst ein Sandkorn auf deinen Finger, dies eine Sandkorn vor dem großen weiten Meer. Siehst dich wie ein Sandkorn auf Gottes Fingerkuppe, schaust genauer. Die ganze Welt in diesem Korn, glitzernd, bernsteinig oder quarzen, der glühende Rest eines großen Steines, der Millionen Jahre vom Meer hin- und hergewälzt, zermahlen ist. Und du gewahrst dies Körnlein und sprichst zu ihm: daß der Wind es hergeweht hat, dir zu sagen, daß du gewollt bist. Und dann sammelst du Steine, kantige, runde, geschliffene vom Wind, dir einzigartig scheinend, weil du dich nach ihnen bücktest, du dir Mühe machtest um diesen Stein. Und du gewichtest nach Farbe und Form, nach Schönheit, wie sie dir erscheint. Und du suchst Muscheln oder Schneckenhäuser, »die allerliebsten Denkmäler ihres schleimig-schlüpfrigen-fleischlichen Daseins« (auch dies ein Wort von Ernst Penzoldt), manche wie rosige Fingernägel, Herzmuscheln, darin Millionen Wogen ihre unsterbliche Form verkörpern, andere wie Segel, wie Terrinen, der Perlmuttglanz der blauschwarzen Miesmuschel, und du sammelst und zerstreust später wieder, weil du Auswahl treffen mußt.

Und du siehst Quallen, die lebendigen Ballen, fast nur aus Wasser, mit ihren algenhaften Tentakeln, zarteste Gewächse wie allerfeinste Nervenbahnen ohne schützenden Körper. Was will in ihnen Gestalt werden? Sie sind doch pure Verkörperung dieses Willens, dieser Sehnsucht von Leben nach Leben. Und der Wind fließt über dich hin, dein nackter Körper ist beseelt, du spürst dich unter feuchtwarmem Atem, freust dich, daß du bist, fühlst dich wie zum ersten-, letztenmal. Und schläfst ein, irgendwas denkt sich in dir zurecht, du reist um die Erde oder ins Büro oder nimmst im Traum eine Umarmung vorweg. Du tauchst wieder auf wie aus Narkose, fällst wieder zurück, deine Hände im Sand sagen dir: es ist warm, es ist gut. Du kannst dich wieder lassen, du schläfst wieder ein und weg von hier – bis ein Hund bellt oder die Möwen schreien oder Kinder jauchzen oder quengeln. Und die Sonne hat dich gerötet, du spürst Durst, du richtest dich auf. Du kommst in den Stand. Du denkst an Menschen, an einen besonders. Du gehst durch die Dünen – der unendliche Himmel, in der Ferne die Dörfer mit überladenen Apfelbäumen, das Watt wie eine Silberscheibe, noch mal die Dünen, Berge von Sand, erstarrte Wogen, mit Strandhafer bewachsen; also doch fruchtbar, der Sand. Und du willst einen Abend, noch einen Abend, noch diesen Abend in Gemeinschaft, und reden von Wunder, hier sein zu dürfen unter diesen Sternen, diesem Mond, auf dieser geliebten Erde.

Doch, sie muß geliebt sein! Sie muß Schöpfung der Liebe sein. Du hast es erlebt an diesem Tag und dich selbst erlebt als geliebt, gewollt, beatmet, zum Dank bestellt und zur Bitte: Unser tägliches Brot gib Du uns heute.

Allein ein Sommertag in dieser Natur wäre schon das Lebendigsein wert gewesen. Was willst du noch bitten? Was muß ich noch bitten für mich selber? Nichts haben wir tun müssen für diesen Tag. Nur hinhalten haben wir uns müssen.

Unser tägliches Brot gib uns heute: Die tägliche Ration Lebensmittel erbitten, das nennt Jesus unser Maß. Verglichen damit sind wir überschüttet mit Gütern, müßten danken ohne Ende. Aber wer dankt mehr? Der am Abend doch irgendwo zu Essen fand, obwohl er am Morgen nicht wußte, woher er es nehmen sollte. Oder der, der wieder Überschuß anlegen, Überfluß wegwerfen muß? Je mehr wir haben, desto weniger danken wir. Das ist normal. Wie selbstverständlich unsere Kinder, Enkel, Nichten, Neffen unsere Schecks quittieren, so pflichtgemäß, knapp, pauschal, so danken wir Gott. Immer üppiger werdende Umstände lassen unseren Dank an den Himmel schrumpfen. So ist es.

Die eine Kartoffel in Kriegsgefangenschaft bedeutete Erntedankfest. Das Strohlager auf der Flucht war Weihnachten. Die Notoperation am fast schon Aufgegebenen bescherte Auferstehung. Die Schuldentilgung durch den wahren Freund ist Pfingsten. Immer wenn wir angewiesen waren auf Gnade, wenn wir richtig im Dreck steckten, dann, ja dann entrang sich uns die Bitte: Unser tägliches Brot gib uns heute. Und eine Brücke spannte sich vor unserem Abgrund auf. Unbequem, schmerzlich, mit Abschied von Illusionen konnten wir wieder, noch einmal, anders, neue Schritte tun.

Die Bitte ums tägliche Brot klärt uns. Klärt uns auf, was notwendig ist und was nur begehrenswert. Noch Zeit, Atem, Brot, Obdach, Gemeinschaft, Kraft, ein Stück Leben zu bestellen, heute, das ist notwendig. Und auch das ist doch nicht selbstverständlich. Das Existenzminimum – noch nicht einmal das ist gesichert, sondern ist Geschenk. Leben dürfen noch heute, heute noch mithelfen dürfen, daß Leben gedeihe, das ist in seiner Wunderbarkeit gar nicht auszuschöpfen. Wir müssen uns wünschen, daß wir dies elementare Leben-Dürfen spüren. Hoffentlich nicht durch Unfall und Tragik und seidenen Faden. Aber alle, die einmal auf ihren Kern reduziert waren, entblößt von allem Machen und Können, die ohnmächtig, hilflos nur warten konnten, daß sie gefunden, gerettet würden, haben Gebetserhörung erlebt. Sie haben den barmherzigen, erbarmenden, rettenden Gott gesehen.

Welch eine Angst, welch eine Angst vor Ohnmacht besitzt uns, daß wir uns kaum ins Krankenhaus, ins Pflegeheim trauen, einen Menschen zu besuchen. Welch eine Angst vor Ohnmacht läßt uns behinderten Menschen ausweichen, läßt Menschen auf die Idee kommen, Schadenersatz einzuklagen, wenn sie im Urlaubshotel auf behinderte Menschen treffen. Welch eine Angst vor Ohnmacht vergeizt uns, daß man den Staat um Steuern betrügt, nur um noch mehr Geld zu horten. Da erbarmt es den Jesus, und er kleidet uns neu ein: Mensch, laß dir an der Gnade genügen, heute das Nötige zu bekommen.

Auch mittels aktiver Vorsorge. Der Bauer muß das Saatgut fürs nächste Jahr hüten, wir müssen in die Rentenkasse einzahlen, wenn wir können. Die Fürsorge Gottes und die Vorsorge des Menschen gehören zusammen. Aber so, wie wir leben, ist es kein Wunder, daß wir generell undankbarer werden, je mehr wir haben. Denn wir wissen, es steht uns nicht zu angesichts der Nöte dieser Welt. Würden wir danken, brächten wir die Beute mit Gott in Verbindung. Brächten wir unsere Erfolge mit Gott in Verbindung, müßten wir ihm ja helfen, die Not zu lindern. Ach, unser Verstand ist trickreich, unsere Seele verstummen zu machen. Denn da, an unserer Basis, wissen wir, daß wir der Gnade bedürftig sind und uns nicht sichern können.

Unsere Seele spricht: Unser täglich Brot gib uns heute. Aber unsere Augen und Hände sind gierig. Die Lust, vorzusorgen über das Maß, steckt in uns wie im Eichhörnchen, nur daß das Eichhörnchen automatisch für die ganze Natur mitsorgt, wenn es seine Winterdepots anlegt und die Hälfte vergißt. Der Mensch hat einen Wach- und Schließgesellschaftsinstinkt und kann sich gegen die Armen der Welt abriegeln – völlig normal, daß wir uns dann als Verfolgte und Bedrohte sehen.

Das Basiswissen von Gottes Fürsorge kann uns abhanden kommen. Die tägliche Explosion von Leid auf unseren Bildschirmen kann uns zu Egoisten machen. Dazu werden wir bombardiert von Angeboten. Viele verschulden sich und verlieren jeden Realitätssinn. Die Hungernden der Welt werden ihren Anteil an den Schätzen der Welt bei uns holen, weil wir ihn nicht brachten. »Was wir um Christi Willen nicht geben zur rechten Zeit, fordert uns die kommende Zeit mit Wucherzinsen ab.« (Martin Luther) Wir wissen es doch. Und daß wir die Wiedervereinigung bezahlen auf Kredit, statt viel entschlossener gehörig abzugeben, das bestraft uns zu Recht mit Angst.

Aber das Gebet ums tägliche Nötige kann uns noch heilen, weil unser Wunschradar wieder geeicht wird aufs Notwendige. Und eine wachsende Zahl von Menschen wird für sich bescheiden, lernt loszulassen und zu verschenken. Junge Menschen wagen sich mit Rucksack und einem Taschengeld durch fremde Kontinente. Menschen mittleren Alters kündigen ihre hochbezahlten Jobs und suchen ihr zweites, ihr alternatives Leben. Pensionäre geben ihr Wissen umsonst weiter. Frauen tun ehrenamtlich Dienst, wo Not ist. Ach, und viele arbeiten über ihre Kräfte, wollen es anderen gut machen und schön. Und viele lernen nach sorglosen Ehrenrunden den Ernst des Lebens unter Mühen.

Irgendwann erreicht jeden seine Armut, sein heulendes Elend. Erst danach beschert Gott einem Rettung. Und dann gehen uns die Augen auf vor soviel Geglücktem. Dann siehst du dich bewahrt und beschenkt. Dann reißt es dir die Seele zu Gott hin, dem Schöpfer aller Wonne, dem Spender aller Freude, dem Betreiber von Gerechtigkeit und Schönheit und Freundschaft.

Du, spür, daß du gern lebst, hilf andern, gern zu leben! Daß wir gerne leben, ist doch Gottes Stolz.

Nur dem du Aufmerksamkeit schenkst, das ist für dich wirklich

Das Frühstück heute morgen, hast du es genossen? Standest du heute morgen einfach nur auf aus dem Bett, zielstrebig und mechanisch, oder richtetest du dich bewußt auf, staunend, daß dir die Knochen noch gehorchen. Und das Wasser auf deinem Leib – die Massai, das afrikanische Wandervolk der Viehzüchter, waschen sich mit Kuh-Urin, weil sie nur tropfenweise Wasser haben –, spürtest du das Wasser über deine Haut perlen? Und den Kaffeeduft, die Würze, die deine noch schläfrigen Sinne auf Wachheit stimmten? Und das Brot, das duftende Brot, hast du es zum Munde geführt, wie eine Prozession schreitet, in heiliger Handlung? Du wurdest gespeist! Korn wuchs und reifte und starb für dich, auf daß dir Energie zukommt. Hast du genossen und noch die Krümel aufgestippt? »Nur dem du Aufmerksamkeit schenkst, das ist für dich wirklich.« (Theodor W. Adorno) Dir ist ungeheuerlich Wunderbares zugewendet. Dich wieder nach der Nacht in Gang zu setzen, war doch ein Kraftakt. Und um dich zu stärken, sind Lebensmittel dir zuteil geworden, für die ein ganzer Kosmos erfunden werden mußte. Die ganze Schöpfung ist veranstaltet, um dir zu dienen, dich herzurichten, dich gutzumachen für diesen Tag.

Man kann das auch anders sehen: Wir müssen keine Aufmerksamkeit schenken dem täglichen Brot. Wir können darüber hinweghetzen, tun es oft genug, weil wir in Gedanken schon beim Schuften, beim Kämpfen, beim Machen, beim Ärger sind. Wir schenken vielleicht nicht einmal Aufmerksamkeit dem, der aufdeckte und mit am Tische saß. Wir können viel versäumen. Wir können ganz andere Prioritäten setzen. Dazu hat uns Gott befreit. Aber wie sollten wir es wollen? Wollen wir nicht beschenkt sein? Kann das Beschenktsein uns schon früh vergiftet worden sein? Waren uns Geschenke Köder für Gefälligkeit, die dann teuer zu stehen kam? Wer hat sich mir aufgespielt als mein Gönner, mir gesagt, eigentlich hätte ich gar kein Recht auf dies und das, kein Recht zu leben? Und ich hätte dankbar zu sein, daß sich andere für mich krummlegten und ... und ...

Vielleicht müßte ich einmal lernen, in Dankbarkeit hineinzuwachsen als eine Lebensmelodie, Dank, den ich nicht mir abdrücke, weil sich's gehört: »Sag Danke!«, sondern Dank, der sich einstellt, wenn ich dem Aufmerksamkeit schenke, was mich trägt. Vielleicht entrinnst du ja gerade erst einem Gedankenmuster, das dich festgestichelt hat auf Leistung, Gehorsam und Pflicht und Zwang und Gefallen-Müssen. Hast du glücklich werden müssen nach Vorlagen, die andere für gut befunden und dir aufgeprägt haben? Da gehörte Dank zum Pensum, viel Dank. Ganze Kolonnen mit dem Herrn Gott an der Spitze weideten dein Innerstes aus zu ihren Gunsten und rückten dich in die Rolle des unnützen Knechtes, der unnützen Magd. Und zwangen dich zur Aufmerksamkeit, ihr Wohlwollen zu erlangen. Wie solltest du anders werden wollen als nur unauffälliger und geschickter? Dich ihnen zu entwinden und keinem mehr Dank zu schulden, das kann dich erfolgreich gemacht haben, dich in Höhen katapultiert haben, wo du der Zuteiler von Vorteilen wurdest, der Zensierer und Kontrollierer. Du, der du die Aufmerksamkeit verteilst und entziehst und immer noch auf der Lauer bist, nicht wieder zurückzufallen in Abhängigkeit von anderer Leute Launen.

Doch beim Frühstück heute morgen kann ein Licht dir aufgegangen sein. Du sahst dich Aufmerksamkeit schenken dem Stück Brot, sahst deine Hand dies Stück Brot halten mit sonnengelber Butter, deine Mutter sagte doch immer: »Gute Butter«, weißt du noch? Und die Marmelade, Erdbeeren, richtige Früchte, du siehst dich schauen, riechen und schmecken noch den Bissen von vorher. Schaust das Brot an – es muß nicht sein, daß dir einfällt das Wort vom Abendmahl: »Dies Brot, das ist mein Leib, für euch gegeben.« Du speist Gottes Schöpfung, ißt Gottes Leib, ein Stück Brot in deiner Hand, weich, fest, warm, duftend, mit knuspriger Rinde in tiefem Braun. Früher ritzte die Mutter beim Backen ein Kreuz in den Brotlaib: Lebensbrot. Du darfst leben mittels des Kornes, der weiten Felder, der Ofenhitze, des Menschenfleißes – von Gott für dich erfunden! Und dir kommt die Erleuchtung, gern du zu sein, mit diesem Brot in den Händen, diesem Geschmack zwischen den Zähnen, deinen Zähnen. Und dich durchfloß ein Strom von Lebensdankbarkeit, wie wenn nach Milliarden Jahren Dunkelheit zum erstenmal eine Sonne aufgeht über dem Tohuwabohu. Und du wußtest: »Der Ungläubige, den Dank für sein Dasein erfüllt, ist kein Ungläubiger mehr.« (Paul Tillich)

Dankend und dann auch bittend werden wir uns unserer Würde gewiß: gewollt, geliebt, gebraucht von Gott. Das Geheimnis der Welt hat seine Freude an dir und seine Schmerzen mit dir. Du lebst, weil Gott dich aushält, dich freihält, dir freihält deinen Platz und deine Mittel und dein Quantum Aufgaben und die Freiheit, dem Aufmerksamkeit zu schenken, was du wichtig nimmst. Du ehrst Gott, wenn du dieses Beschenktsein wahrnimmst. Aber Gott klagt unseren Dank nicht ein, zieht unseren Undank nicht ans Licht, verteidigt uns bei sich selbst: Vielleicht kann er nicht, weiß nicht, wie anfangen, vielleicht kommt sein Dank noch.

Gott ist Schenkelust, Vergeudung, Fülle. Aller Mangel ist nur (aber was heißt: nur) unsere Unfähigkeit zum gerechten Verteilen. Unsere Dankbarkeit ist Rückstrahlung seiner Güte, Abglanz von seinem Glanz. Es gibt Menschen, die schütteln so lange ihren Kopf, bis sie das Haar in der Suppe finden, geschlagen mit Mißmut, Meuterer des Lebens. Dank nicht empfinden können ist Mangel, ist Katastrophe. Ja, und es ist Not in der Welt, Not, die alles Gedenken an bessere Tage verschüttet. Menschen, die ihr Brot mit Tränen essen, deren Brot mit Glassplittern durchsetzt ist, weil wir uns nicht schützend vor sie stellen. Wir mit den Lackschuhen mästen die mit den Stiefeln.

Steht uns zu allem, was uns glückt, auch noch das Glück der Dankbarkeit zu? Wenn Dank uns freispräche vom Helfen, wenn wir, statt die Not zu wenden, uns in Sicherheit bringen und dafür Gott noch danken, sind wir bigotte, unnütze Knechte. Wir veruntreuen die Gaben, hinterziehen Gott und dem in Not das Seine und bedanken uns noch – pervers ist das – für unseren Wohlstand. Dagegen ist doch Dank das lichterlohe Bewußtsein: nichts ist mein eigen, nichts ist verdient, nichts steht mir zu, und um so wunderbarer, daß ich noch kann, was ich kann und noch etwas habe, um abzugeben. Diesem meinem Beschenktsein Aufmerksamkeit schenken, das entdeckt mich mir. Du, ich – begnadet, begabt, betraut, erwählt, gekrönt mit Gnade und Barmherzigkeit (Psalm 103,4) und ermächtigt, das Nötige zu erbitten.

Heiligen Geist gib uns

Unser Körper braucht Brot. Unsere Seele ernährt sich von Worten, Bildern, Ideen, Gedanken. Wir müssen wissen, was wir bedeuten. Von außen können wir uns behängen noch und noch mit erlauchten Zeichen des Wichtigseins. Aber in uns ist Heißhunger nach dem, was uns von innen her aufrichtet. Schon dieses Lechzen nach innerer Gewißheit ist Heiliger Geist. Und wir werden aggressiv gegen Menschen, die uns stromlinienförmig anpassen wollen ihren Bedürfnissen. Du kannst nicht zufrieden sein damit, den Leuten zu gefallen, kannst nicht wert sein wollen, was deine Mutter, dein Chef, dein Partner dir zumißt. Du brauchst Heiligen Geist, der dich leuchten macht.

Lechzen nach Gewißheit zu taugen ist es auch, wenn Kinder vor der schlechten Amme Fernsehen gewalttätig die Salzstangen zerbröseln und genüßlich den Saft auf dem Tisch verteilen. Es genügt ja nicht, daß wir ruhiggestellt werden. Wir müssen was gelten, den nächsten Menschen und weit über sie hinaus. Heiliger Geist ist dieser geistige Kredit: Wir sind von weit her und für immer und einmalig wunderbar, sind gewollt vom Willen, dem sich die Welt verdankt. Heiliger Geist ist auch am Werk in uns, wenn wir leiden an Lebenszerstörung und es nicht gleichmütig hinnehmen, daß Menschen Menschen schinden und mißbrauchen, verhungern lassen und entrechten. Daß in uns Protest und Erbarmen aufschreit, wenn wir Vernichten und Zerreißen erfahren, ist schon Wirken von Heiligem Geist, von der Kraft, Lebendiges zusammenzuhalten. Diese Quelle von Seinsgewißheit macht, daß wir uns fühlen als Personen, durch die Ewiges hindurchtönt – das lateinische Wort »personare« heißt hindurchtönen. Wir sind dazu da, uns hinzuhalten dem Heiligen Geist als Mundstück, Ohr, Hand. Wir müssen den Willen, dem sich die Welt verdankt, nicht erst erglauben, erfinden, erträumen. Andersherum ist's wohl richtig: Wir sind Muster, in denen Gott sich ausdrückt. Die Leuchtkraft der Sterne, die Schönheit der Blumen, die Harmonie von Mozarts Musik, die unermeßliche Zweckmäßigkeit der Naturgesetze, meine, deine Fähigkeit, daß wir einander ergänzen können, ist doch real existierender Heiliger Geist.

Wir machen ihn nicht, sondern wir sind seine Inszenierungen. Daß wir einander ein Stück gelingen, ist Fließen von Heiligem Geist. Das Dickicht des Lebendigen erwächst ja vom Heiligen Geist bestrahlt. Was wir eigentlich hören und sagen wollen, ist unendlich lang: Es ist die Sehnsucht, mit Gott ewig zu reden und gewürdigt sein wollen, immer vor ihm zu sein, ihm viel zu bedeuten. Und Klopfzeichen dieser Sehnsucht, Klopfzeichen dieses Hellhörigseins auf Gottes Impulse: »Ja, du bist gut«, Laute ewigen Wichtigseins wollen wir einander ablauschen und auch geben. »Ich liebe dich« ist uns Unterpfand von weit her und nicht nur freundliches Werben eines eigensüchtigen kleinen Mitmenschen. Ich in Not, und du kommst zu Hilfe – da hat das Herz der Welt dich geschickt. Du im Krankenhaus, und keiner besucht dich, da siehst du dich abgepflückt, abgebrochen von allem. Wie kommt da Freude auf, wenn völlig Fremde an Vaters, Mutters, Kindes Statt kommen und dir zeigen, daß du nicht aufgegeben bist. Das heilt, wenn überhaupt etwas heilt. Das schließt wieder an den Lebensstrom an: Ich darf mich weiter als Teil des pulsierenden guten Ganzen glauben.

Partikel von Heiligem Geist ernähren unser Bewußtsein: Du, ich, wir bedeuten Gott sehr viel. Wir sind hier seine Tempel, seine Filialen, seine Energiebündel von Bejahekraft: Du darfst dich lustvoll wahrnehmen als bedeutend. Wenn schon – so meinten die Rabbiner – jeder Grashalm einen Engel zugeteilt bekommt, daß er gedeihe, und wenn schon jeder Spatz in Gottes Hand ist, wieviel mehr bist dann erst du bedeutend, mit deinem Mangel und deinen vibrierenden Augenblicken.

Manchmal sehen wir uns reduziert, ein kleines Quantum Ich-Stärke mit Ellenbogen und List, manchmal sehen wir uns kärglich wie ein Schluck Wasser auf dem Boden verschüttet, am Belanglosen klebend und mißtrauisch und verächtlich und ratlos eingezwängt. Wenn uns dann Heiliger Geist anweht, ein Anruf, ein Klopfen, ein Kind, das uns einfach aus unserer Lethargie reißt, ein beredter Augenblick, eine freundschaftliche Gebärde, ein guter Gedanke, ein Lichtlein von irgendwoher – die Düsternis reißt doch auf. Eine zugelaufene Katze kann eine neue Welt dir entzünden, und du kannst dich wieder im Schlepptau Gottes glauben.

Heiliger Geist treibt uns böse Geister aus. Was man alles meint, nicht zu dürfen! Aber du bist nicht festgeschweißt auf die elterliche Erziehung. Dein Träges und dein Wildes, dein Verneinen und dein Gieren, dein Schönes und Gräßliches ist noch am Köcheln in Gottes guter Küche. Du darfst noch werden. Aus dir soll noch Leben erblühen. Glaub das, was im Buche der Psalmen verkündet wird: »Finsternis ist nicht finster bei Dir, o Gott.« (Psalm 139,12) »Dunkelheit ist nur getrübtes Licht.« (Isaac B. Singer) Es soll nicht dunkel bleiben über denen in Angst. Es soll um dich hell werden, geliebter Mensch, faß wieder Vertrauen, daß Heiliger Geist an dir rüttelt. Auch die Einschärfungen, man könne niemandem trauen, sind doch Sabotage an Gottes Werk. Spür noch mal, fühl noch mal, wieviel Ahnung von Zusammenhalt und Liebe aus dieser Welt aufsteigt. Und Jesus, die Ikone des Vertrauens, bildet auch deinen innersten Kern, in dir ist das ewige Licht des liebenden Jesus. In dir ist dieser Impuls: »Du – gut, du – gut fürs Leben.« Und bei allen Gegensätzen zieht etwas uns zueinander hin. Diese Grundströmung zueinander ist Heiliger Geist.

Ja, oft reden wir aneinander vorbei: noch schlimmer, wir schweigen aneinander vorbei. Aber wie wir einander auch erlösende Ergänzung sein können, wie wir Anerkennung geben und annehmen können, wie wir einander zur Sprache helfen können, den Nächsten nicht als Mauer erleiden, sondern er uns als »Du« aufgeht, das ist Gottes Beredtheit in uns irdischem Material.

Ach, staun doch und wag noch ein paar neue Verknüpfungen. »Hiersein ist herrlich« (Rainer Marika Rilke), um so mehr, wenn ich anderen beistehe, daß auch sie noch sagen: Hiersein ist herrlich. Ja, Gott, deinen Heiligen Geist gib uns täglich.

Unsere Talente – wie wir sie nutzen oder vergraben

»Es ist wie mit einem Menschen, der außer Landes ging. Er rief seine Knechte und vertraute ihnen sein Vermögen an. Dem einen gab er fünf Talente Silber, dem anderen zwei, dem dritten einen, jedem nach seiner Dynamis.

Nach langer Zeit kam der Herr dieser Knechte und forderte Rechenschaft von ihnen. Da trat herzu, der mit fünf ausgestattet war, und sprach: Herr, du hast mir fünf gegeben, siehe da, ich habe damit weitere fünf Talente gewonnen. Da sprach sein Herr zu ihm: Recht so, du tüchtiger und treuer Knecht, du bist über Wenigem treu gewesen, ich will dich über Vieles setzen, geh hinein zu deines Herrn Freude. Da trat herzu auch der, der zwei empfangen hatte, und sprach: Herr, du hast mir zwei anvertraut, siehe da, ich habe damit zwei weitere gewonnen. Und sein Herr sprach zu ihm: Recht so, du tüchtiger und treuer Knecht, du bist über Wenigem treu gewesen, ich will dich über Vieles setzen, geh hinein zu deines Herrn Freude.

Da trat auch herzu, der ein Talent empfangen hatte und sprach: Herr, ich wußte, daß du ein Harter bist. Du erntest, wo du nicht gesät hast, und sammelst ein, wo du nicht ausgestreut hast, und ich fürchtete mich, ging hin und verbarg deinen Zentner in der Erde. Siehe, hier hast du ihn wieder, hier hast du das Deine. Sein Herr aber sprach zu ihm: Du böser und fauler Knecht, wußtest du, daß ich ernte, wo ich nicht gesät habe und einsammle, wo ich nicht ausgestreut habe, dann hättest du mein Geld wenigstens zur Bank bringen sollen, und wenn ich gekommen wäre, hätte ich das Meine wiederbekommen mit Zinsen. Darum nehmt ihm das eine Talent ab und gebt es dem, der zehn hat. Wer da hat, dem wird gegeben werden, und er wird die Fülle haben. Wer aber nicht hat, dem wird auch das, was er hat, noch genommen werden.« (Matthäus 25, 14–29)

Im Kern, *nur* im Kern eine Geschichte des Jesus. Der Rahmen ist unklar, entsprechend vieldeutig die Story. Die christliche Gemeinde nahm sie als Drohwort fürs Jüngste Gericht und lud sie auf mit »Heulen und Zähneklappern« (Matthäus 25,30), schürte die Angst, in der sie selbst befangen war. Sie legte Jesus das umlaufende übliche Sprichwort in den Mund: »Wer da hat, dem wird gegeben«, um nur ja nicht nachzulassen im Streben nach guten Werken, um sich und andere anzuheizen zum Fleiß, der vor Gott wohlgefällig mache. Gut gemeint, Matthäus, aber falsch verstanden – hoffentlich! Hoffentlich ist die Geschichte von Jesus doch anders gemeint.

Ich stelle mir vor, Jesus spricht zu uns gemischtem Publikum voller gemischter Gefühle und Selbstzweifel, angstvoll will jeder das Seine verwahren und sichern, möglichst kein Risiko eingehen, unklar, auch über die eigenen Fähigkeiten. Oder überheblich, als rüttelte ich mir mein Leben schon zurecht, als hätte ich die Krankheit überstanden, weil ich so zäh bin; und die Kinder kommen klar, weil wir sie so vernünftig erzogen haben. Jesus weiß unsere Verwirrung, als wäre er an jede einzelne Seele angeschlossen; er hebt ein wenig die Hand, sein Blick holt jeden zu sich, und er sagt dir: Das ist doch wie mit einem Menschen, der für lange Zeit außer Landes geht. Er ruft seine Leute und vertraut ihnen sein Vermögen an. Da könnte es schon einhaken bei uns.

Was wir Gutes vermögen, kommt aus dem Vermögen, das uns anvertraut ist.

Will ich so denken? Das wäre vielleicht ein Quartierwechsel! Wie müßte ich hinabsteigen vom Thron des Eigentümers und Schöpfers und Machers meines Geschicks. Anvertraut ist mir fremdes Gut. Leihgaben alle meine Fähigkeiten. Ich habe nichts, ich benutze alles nur für eine Spanne geliehener Zeit, bin Diener/Dienerin, Knecht/Magd, Treuhänder. Will ich so denken? Ich würde dann nicht mehr murren und mäkeln, warum ich so viel oder so wenig Vermögen mitbekommen habe. Gemessen daran, daß Leben-Dürfen schon Gnade ist, dürfen und können wir viel. Dem einen gab er fünf Talente Silber (eine griechische Münzeinheit, daher das Fremdwort »Talent« für das deutsche Wort Begabung, es meint dasselbe), dem anderen zwei, dem dritten eins, jedem nach seiner Dynamik (»Dynamis« steht im Text).

Verschieden das Maß der Begabungen, aber alle aus dem gleichen Schatz. Mehr oder weniger viele Talente, aber alle aus dem einen Vermögen des Lebendigen anvertraut, dir je nach deiner Dynamik, deinem Schrittempo, deiner Biographie, deinem Lebensmuster, deinen angeborenen, anerzogenen Rahmenbedingungen, deinem inneren Koordinationssystem, deinem Gewissen. Je nach dem Deinen sind dir Begabungen anvertraut. Was ist meine/deine Dynamis, meine/deine Kraft, meine/deine Seelenenergie? Auch sie ist Begabung – und Befrachtung zugleich. Aber meine/deine Dynamik, das ist das Schwingungspotential zwischen Gott und dir, das ist deine innere Uhr, die Gott nur dir gestellt hat. Das ist die Farbschattierung deiner Seele, dir persönlich verfügt, mehr Dur oder mehr Moll, manchmal mehr matt und müde, manchmal mehr Feuerwerk. Deine Dynamik ist eine Faser aus dem Gewebe der Kraft Gottes.

Dein Ich, deine Dynamik ist dir als Schicksal aufgegeben. Es ist meine/deine Grundmelodie, in die wir eingestimmt werden. Deine/meine ganz eigene Grundzuversicht, von Gott entworfen, ein Ton in Gottes Konzert. Und je nach Stellung für dieses Konzert, je nach Stellung, für die ich als Ton gar nichts kann, mit Entscheidung oder Bewahrung belegt. Eine Note kann die Wende bringen, das neue Thema einleiten, eine andere läßt die Melodie weitergehen. Das Quantum der Begabungen und Aufgaben ist auf die einzigartige Seelendynamik abgestimmt. Die Begabungen kommen hinzu, das Quantum ist nicht entscheidend. Du bist begabt, das Leben zu fördern, und dir sind Fähigkeiten anvertraut aus dem Schatz Gottes. Ob das Geld ist oder Fabriken oder Fachwissen oder Steuerungsgeschick oder Dichtkunst oder Kochkunst oder die Begabung, andere sich selbst verstehen zu machen oder Kinder zu erziehen oder die Natur zu untersuchen und zu benutzen oder Häuser zu bauen oder Kranke zu pflegen – Hauptsache: nutze deine Talente.

»Und sogleich ging er hin, der fünf empfangen hatte, und handelte mit ihnen und gewann weitere fünf hinzu«, schildert Jesus, und man sieht diesen Menschen in seine Arbeit vertieft: Ich stelle ihn mir als glücklichen Menschen vor. Die Sache scheint ihm Spaß zu machen. Er wird sicherer, er wird geläufiger, er gewinnt Kompetenz. Keine Frage, daß für ihn selbst auch was abfällt, aber er kümmert sich nicht um sich, sondern um die Begabung. Die Begabung ist ihm Auftrag. Er ist mit seinem Auftrag einig. Er scheint gar nicht oft an den Eigentümer zu denken. Er tut das Nötige. Er ist an das Leben und an seine Bedürfnisse und Bedingungen hingegeben. Er dient dem Leben mit seinen Talenten, ist mutig und geschickt und kann abwägen. Er versteht die Menschen zu nehmen und besorgt ihnen, was sie für wichtig halten oder halten könnten. Er vermittelt Anbieter und Nachfrager. – Herrlich, wie Jesus den Handel hier ehrt. Daß er damit nicht den Handel mit Rauschgift oder Gasgranaten absegnet, wird wohl jeder fühlen. Aber die mit ihren fünf, mit ihren zwei Talenten wuchern mit ihren Pfunden. Sie bringen die Mühe auf, bringen ihre Begabung zum Sprießen und sind ins Gelingen verliebt.

Nach langer Zeit kam der Besitzer und forderte Rechenschaft. Dieser Gedanke ist uns nicht fremd. Er ist uns ja einmontiert ins Muster unserer Seele: du, ich – wahrgenommen vom Geheimnis der Welt –, wir werden bemerkt vom Herz aller Dinge. Wir fühlen und leiden und denken und wirken nicht ins Leere. Wir bleiben nicht folgenlos schuldig oder liebevoll oder beides. Schon mitten im Leben, mitten am Tag, mitten im Tun spüren wir: Es ist einer, der uns zuschaut, dem wir antun, was wir tun.

Der alte Mensch im Lehnstuhl, versteinert oder mit Mozart im Kopf; der junge Mensch mit zerrissenem Gewissen oder freundlichen Augen – wieviel Gericht, wieviel Erlösung geschieht mitten am Tag! Und ist nicht alle Angst vor dem Tod die Angst vor dem Offenbarwerden? Der mit den fünf Batzen brachte fünf weitere, der mit zwei Batzen weitere zwei. Es ist von uns Rechenschaft gefordert. Und die Erfolgreichen werden nicht mit guter Abfindung in Pension geschickt, sondern sie bekommen noch mehr Talente, also mehr Auftrag, mehr Pflicht, mehr Freude am Gelingenden, mehr Mühe.

Aber der dritte: Ich wußte, daß du hart bist, also verbarg ich das Deine, vergrub es sicher. Hier hast du das Deine. Und der Herr: Lassen wir mal offen, ob ich hart bin und ernte, wo ich nicht säe. Aber wenn du mich so siehst und dich vor mir in Sicherheit bringen willst, dann hättest du wenigstens das Anvertraute irgendwie mündelsicher arbeiten lassen sollen. Aber du dachtest nur an dich. Du willst kein Schicksal, du willst keinen Auftrag, du willst nicht zuständig sein. Und hältst dich noch für klug in deiner Verweigerung, läßt meine Talente unbenutzt. Die Welt geht doch zugrunde an den vergrabenen Talenten, auch an den mißbrauchten, aber vor allem an den vergrabenen. Deine Vernunft, deine Einsicht, deine Liebesfähigkeit ist doch Bestandteil meines Kräftehaushalts. Was hast du mit dem Meinen getan, außer dich in Sicherheit zu bringen. So höre ich Jesus zu mir sprechen und hoffe, daß er abweichend vom Text so zu mir, zu dir spricht:

Aber es ist noch nicht aller Tage Abend. Du, komm zu dir, zu mir. Nimm das eine Talent, nimm es noch mal, achtsam, säubere es, poliere es, mach dich schön, halte dich noch einmal hin. Innen bist du nicht leer, auch du hast Dynamik, hast Lust zu wirken mitbekommen. Ich brauche dich, ich sende dich. Und dann könnte ich bei Petrus in die Lehre gegangen sein. Den schickte Jesus aus, zu fischen; er war schon müde vom langen, vergeblichen Tun, aber er sagt: »Meister, wir haben die ganze Nacht gearbeitet und nichts gefangen: aber auf dein Wort hin will ich die Netze auswerfen.« (Lukas 5,5)

Neuer Aufbruch kann geschehen: Wer lange in unfruchtbarem Streit mit verteufelten oder vergötterten Vätern / Müttern lag und darin die eigene Dynamik verzehrte, spürt neue Kraft. Wer an sinnlose Arbeit sich angeschweißt sah, entdeckt seine Begabung wieder neu. Deine Dynamik, Energie aus dem Gottesstrom, du spürst sie jetzt unwiderruflich: heute, dein erster Tag, an dem du wieder hingerufen bist zu Menschen, hin zu dir. Gib dich aus, und du wirst mehr du!

»Wer da hat, dem wird gegeben.« So ist das Leben, jedenfalls in Geldsachen. Man nimmt einen Kredit. Je nach Dynamik, Sicherheiten, Erwartungen vertraut die Bank oder ein reicher Onkel einem eine Stange Geld an, gibt Kredit (aus dem Lateinischen: er glaubt, vertraut). Wird das Vertrauen durch Leistung gerechtfertigt, gibt's mehr, und beide verdienen gut daran.

Es gibt einige, in denen täuschen sich Bank oder Onkel. Entweder das Geld ist falsch genutzt und die Schulden kleben wie Pech an einem. Mit viel Mühen suchen dann die Bank oder der Onkel noch zu retten, was zu retten ist. Oder aber der das Geld bekam, den verläßt der Mut, und er vergräbt es oder tut's in den Strumpf und kommt beim Termin mit dem ungenutzten Geld wieder, und er wird nichts mehr kriegen. So ist das Leben.

In Geldsachen nur? Nicht nur! So ist das Leben insgesamt: riskant, ungerecht, chancenreich, gewinnträchtig, wichtig, atemberaubend, spannend, voller Gefahren und voller Verheißung. Ja, manchmal hätten wir es gern leichter: Hund sein, schlafen, schnüffeln, fressen; ein Herrchen oder Frauchen, dem man treu sein kann, sich hingeben kann unverstellt. Manchmal möchte man Hund sein oder ein Baum, sprachlos, gehörlos, einfach vorhanden, eine Äußerung der Natur, von Natur aus nützlich. Aber wir sehen uns zum Verantwortlichsein gezwungen. Wir müssen gut sein. Vor wem? Tauglich müssen wir sein. Für wen? Auf Lob sind wir aus. Von wem? Wir scheinen gesandt zu sein. Durch wen? Wir sind in Unruhe. Wegen wem? Wir müssen Rechenschaft geben. Aber wem?

Da sind nicht nur die Eltern, die Kameraden, die Partner, die Chefs. Wenn sie alle abgelebt wären, alle verabschiedet, alle überstanden, wenn du allein wärest, ist immer noch doch dieses Fragen bei dir: »Wo ist zu meiner Treue der Herr?« (Botho Strauß) Du bist zur Antwort bereit, du willst darlegen, was ist. Du bist zum Vorrechnen, zum Verantwortung-Geben bestellt. Wir wissen: es ist einer, der schaut zu mir hin. Und wenn man mal als Kind geklaut hat und keiner hat's gemerkt, da wußte man doch genau: einer schaut her; und ich sehe mich, wie unter dem Vergrößerungsglas des Wissenden. Nicht erst, wenn's ans Sterben geht, auch schon viel eher ist in mir die Frage nach meiner Bilanz. Was hab' ich zustande gebracht? Worin habe ich mich reingegeben? Wofür habe ich mich verausgabt? Und hinterlasse ich mal Scherben oder eine Pflanzung? Vor wem fragen wir das, bangend und hoffend? Dies große Du, vor wem wir das fragen, ist da, der Brunnen alles Guten. Dieses große Du hat sich mit Welt ausgestattet und hat die Galaxien gesät und hat sich einen Garten namens Erde angelegt, hat Millionen Pflanzensorten und Tierarten entwickelt und ruft Menschen ins Sein. Und hebt dich und mich aus seinem Schoß mittels der Mütter und Väter und vertraut uns sein Vermögen an.

Was vermag ich, und was vermagst du? Wir vermögen zu erkennen, wie was zusammengehört, wie was brauchbar ist. Wir vermögen zu schaden, zu erfreuen, zu ergänzen, zu schonen. Wir vermögen zu versöhnen und zu verschönern und zu trösten und heilen und befreien, in Ordnung zu bringen und in Chaos zu stürzen. Wir vermögen Verantwortung zu denken und zu gestalten. Wir vermögen zu lernen. Aber ein wunder Punkt ist dabei. Bei allem Vermögen ist die Leistungsfähigkeit verschieden. Die Dynamik der einzelnen ist je anders. Die Umstände, die Herkunft, die Erziehung, das Temperament, der Blutdruck, die Zeiten, die Länder, wir alle sind doch in Umstände veranlagt, wir sind befrachtet mit Schicksal, jeder nach seiner Art.

Und doch: jeder ist auch begnadet mit seinem Aktionsradius für freie Tat, begabt mit einem Quantum Vermögen aus dem Lebensschatz. Und wir müssen das Vermögen mehren, oder wir veröden. Du kannst dich nicht bewahren und zugleich deine Begabungen vergraben. Du mußt das dir Gewährte ausgeben, sonst kannst du's nicht einnehmen. Das Gewährte mußt du ausgeben, sonst verwest du bei lebendigem Leib. Dein Wesen verlierst du durch Nichtgebrauch deiner selbst. Andersherum: dein Wesen, dein Wesentliches mehrt sich, wenn du dich ausgibst. Das Leben verlangt nichts Unbilliges von dir.

Du sollst deine Begabungen zu Markte tragen. Es sind ja Energien vom großen Ganzen: dein Fürsorgen-Können, deine Musikalität, dein Sammeltrieb, deine Sprachlust, deine Organisierfreude, dein Mitleid, dein Bewegungsdrang, dein Lieben und Geliebt-Sein-Wollen, dein Rechnen-Können, dein Lenken-Können, dein Zuhören-Können, dein Kochen-, Bauen-, Backen-Können.

Was hindert dich, dein Können zu entfalten? Wollte keiner, was du zu bieten hast? Prüf noch mal, was du Bemerkenswertes hast. Den Markt der Eitelkeiten, der Profiteure, der Glanzvollen, überlaß ihn anderen. Aber du, such du die echten Bedürfnisse zu stillen und such Bedürftige, die selbst nicht bemerkt werden. Zeig ihnen ihr Leuchten, ihre Würde, ihre Schätze. Nimm ihre Begabungen wahr, und werde Agent für unentdeckte Talente. Bestärke Menschen, daß sie taugen zur Freude und geschickt sind für Gemeinschaft, und du selbst wirst dein Gutsein schmekken, wirst dich begabter entdecken.

Das große Du will das Seine wiederhaben mit Zinsen. Unsere Seelen sollen mit Erfahrung heimkehren, sollen ihre Garben bringen. Also helfen wir einander, unsere Begabungen einzusäen ins Leben. Fördern wir durch Lob und Kritik und neuen Vorschlag. Und dämpfen wir nicht die Freude zu taugen, zu nützen. Fesseln wir einander nicht unsere Unternehmungslust. Glück und Leid von Ehen, von Familien, von Müttern, Erziehern hängt daran, ob wir fördern oder behindern. Lähmen wir oder beflügeln wir einander?

Der sein Talent vergrub, wollte sich raushalten. Doch den bestraft das Leben. Vieles dürfen wir falsch machen, wenn wir das Leben mitgestalten. Nur: »Wer sich vor der Wirklichkeit drückt, der verdient nicht zu leben.« (Elias Canetti) Lust oder Last, Lust und Last, aber nicht dies sich Drücken und nur flaue Gewährenlassen ist unser Metier. Paulus sagt hart und knapp: »Wer kärglich sät, wird kärglich ernten, und wer sät im Segen, der wird auch ernten im Segen.« (2. Korinther 9,6)

Also gib und nimm, nimm und gib, handele, wuchere mit deinen Pfunden. Komm dir auf die Schliche, wo du Annahme oder Abgabe verweigerst. Komm wieder ins Fließen, werde wieder liquide. Vertrau, daß dir genug mitgegeben ist, um zu geben. Vertrau, daß du wichtig genug bist, um auch beschenkt zu werden.

Kannst du nicht gut annehmen? – »Ist doch nicht nötig, ich hab's ja gar nicht getan wegen Geld.« All die lähmenden Sätze, die Freude zerstoßen in Späne von grauem Pflichtdenken.

Willst du denn unauffällig bleiben, in Ruhe gelassen werden? Ach, zeig dich doch, sag deins, laß dich erreichen. Du wirst doch als freundschaftlicher Mensch gebraucht. Und freu dich an gelingendem Leben. Sag nicht mehr: »Undank ist der Welt Lohn.« Zeig du dein gutes Gesicht. Und entbinde das Gute des Lebens. Gut, daß du da bist! Du bist ein Kredit Gottes. Wage, dich auszugeben.

Die Geschichten des Jesus sprengen Denkschablonen auf. Und eine unserer gedanklichen Einbahnstraßen ist, daß Gott letztlich die Guten belohnen und die Bösen bestrafen wird. Haben wir dies Muster nötig? Muß Gutes noch ewig belohnt werden? Oder tun wir Gutes nicht deswegen, weil es Freude macht, weil es wunderbar ist, weil es gut ist? Und Böses, taten wir es etwa gern oder verzweifelt, verstockt, wie von Sinnen? Überhaupt Gute und Böse – diese Scheidung hat uns doch Jesus fragwürdig gemacht. Jedenfalls hat er uns verboten, jetzt Unkraut und Weizen zu trennen (Matthäus 13,24–30). Wer weiß denn, wer er ist vor Gottes Maß?

Keiner ist der ewigen Liebe Gottes von sich aus wert. Kein Sündigen zieht ewige Verdammnis nach sich. Zu groß dächten wir vom Wichtigsein unseres Tuns und zu klein von Gott. Hat Gott nicht Macht zu tun, was er will mit dem, was sein ist? Jesus erzählt dazu diese Geschichte:

»Das Himmelreich gleicht einem Hausherrn, der früh am Morgen ausging, um Arbeiter für seinen Weinberg einzustellen, und als er mit dem Arbeitern einig wurde über einen Silbergroschen als Tagelohn, sandte er sie in seinen Weinberg. Und er ging aus um die dritte Stunde und sah andere müßig auf dem Markt stehen und sprach zu ihnen: Geht ihr auch hin in den Weinberg, ich will euch geben, was recht ist. Und sie gingen hin. Abermals ging er aus um die sechste und um die neunte Stunde und tat dasselbe. Um die elfte Stunde aber ging er aus und fand andere und sprach zu ihnen: Was steht ihr den ganzen Tag müßig da? Sie sprachen zu ihm: Es hat uns niemand eingestellt. Er sprach zu ihnen: Geht ihr auch hin in den Weinberg. Als es nun Abend wurde, sprach der Herr des Weinbergs zu seinem Verwalter: Ruf die Arbeiter, und gib ihnen den Lohn, und fang an bei den letzten bis zu den ersten. Da kamen die, die um die elfte Stunde eingestellt worden waren, und jeder empfing seinen Silbergroschen. Als aber die ersten kamen, meinten sie, sie würden mehr empfangen, aber auch sie empfingen jeder seinen Silbergroschen. Und als sie den empfingen, murrten sie gegen den Hausherrn und sprachen: Diese letzten haben nur eine Stunde gearbeitet, doch du hast sie uns gleichgestellt, die wir des Tages Last und Hitze getragen haben. Er antwortete aber und sagte zu einem von ihnen: Mein Freund, ich tue dir nicht Unrecht. Bist du nicht mit mir einig geworden über einen Silbergroschen. Nimm, was dein ist, und geh. Ich will aber diesem letzten dasselbe geben wie dir, oder habe ich nicht Macht zu tun, was ich will mit dem, was mein ist? Was siehst du scheel, weil ich so gütig bin?« (Matthäus 20,1–15)

Das ist mitten aus dem Leben gegriffen. Einen Silbergroschen, sagen wir: zwölf Mark, braucht jeder, um über den Tag zu kommen. Um sechs Uhr morgens, um zwölf, um fünfzehn, um siebzehn Uhr geht der Chef Leute suchen für seinen Weinberg. Um siebzehn Uhr, eine Stunde vor Feierabend, kriegt er die Leute für eine Mark pro Stunde. Aber am Ende gibt er allen gleichen Lohn, weil sie es ja brauchen. Die viel dafür schuften mußten, maulen. Wir verstehen sie gut, es ist nicht gerecht. Aber die anderen wären ja auch gern schon von früh an angestellt worden.

Werden die Kurzarbeiter mit dem vollen Lohn den Schwerarbeitern hämisch den Vogel zeigen: »Schön blöd, so lang zu schuften?« Schon möglich. Auch das ist menschlich: den Neid entfachen mit Angeben.

Gnade, Güte, Erbarmen war's, aber es wird umgemünzt in eigene Cleverneß. Wir haben auch bei den älteren Geschwistern geprotzt, daß wir schließlich doch das gleiche Taschengeld bekamen und damit den Vorteil der Großen zunichte machten. Doch vielleicht bedanken sich ja auch die kurz vor Feierabend Eingestellten beim Chef und laden die Langarbeiter auf eine Runde ein? Schön wär's!

Der Punkt ist der Neid. »Ja recht, ein Silbergroschen, war abgesprochen, aber ich wußte ja nicht, daß du so gütig bist.« – »Was hättest du sonst getan? Wärest du erst später gekommen? Mein Freund« – damit zieht der Chef diesen Arbeiter in eine gemeinsame Sache. Nicht nur: ich kann machen, was ich will mit dem Meinen. Sondern: »Mein Freund, haben wir nicht beide den dritten miternährt?«

Mit dem Himmelreich verhält es sich so, daß auch die Letzten noch Aufnahme finden. (Matthäus 20,16) Wir sehen es ein, es muß so sein, wenn es mit gottgerechten Dingen zugeht, wenn es zugeht mit Gott, wie ihn Jesus glaubte. Letztlich bekehrt Gott uns Neider und Protzer und wird uns herrichten für seine Freundschaft. Das Gericht als Herrichten, als Hergerichtetwerden zur Freundschaft, schimmert in Jesus auf. Aber wo beginnt das Himmelreich? Jesus will ja nicht von dem reden, was dermaleinst passiert, sondern was im wesentlichen jetzt anhebt, weil Gott es will. Himmelreich beginnt, wo wir schon ablassen können vom Neiden und Protzen.

Der Kern unseres Umgangs mit Geld und Arbeit ist doch, daß wir an unserem Verdienst unser Wichtigsein ablesen. Diese Gier, wichtig zu sein, hat mit dem Lebensunterhalt, bei uns jedenfalls, kaum noch was zu tun. Arbeit haben oder nicht, war früher und ist in den armen Ländern immer noch gleich mit Brot haben, Reis haben, Dach überm Kopf, nötige Kleidung, Schulbildung für die Kinder. Arbeit haben oder nicht, entscheidet nahezu über Leben und Tod. Und an den Rändern unserer Gesellschaft ist es wieder so, ist es immer noch so. Arbeitslos sein heißt: isoliert sein und möglicherweise bald wohnungslos sein.

Aber wo, wie bei uns, für den Lebensunterhalt gesorgt ist, wird es erst richtig spannend. Hier öffnet sich das weite

Feld der Wichtigkeit: welches Auto, welche Wohnung, in welcher Gegend, Flüge wohin, Malediven oder Mallorca, Golf oder Surfen. Oder schöne Bücher oder Kunst oder volles Konto oder alles zusammen.

Ob eine Sekretärin 2000 Mark verdient oder 2200, das beschafft ihr noch fühlbar mehr Freiheit, vielleicht ein Zimmer mehr. Aber ob ein Chefarzt 28000 oder 30000 Mark verdient oder ein Vorstandsvorsitzender 200000 oder 300000, das bringt an Freiheit, an Lebensqualität keinen Zugewinn. Nur das Gefühl, mächtig und wichtig zu sein, wird gemästet. Geld steht da kaum noch im Verhältnis zum notwendigen Lebensunterhalt oder zur Leistung. Geld erscheint da in seiner Prachtfülle, nämlich als Leuchtstoff zum Prunken und Neiden: Die abgestuften Gehälter in den Firmen (inklusive Kirche), die Abteilungsleiter und Oberabteilungsleiter sitzen auf verschieden gepolsterten Sesseln. Das alles hat gar nichts mit Gesäßqualität zu tun, kaum auch was mit Arbeitsfülle. Sondern es hat zu tun mit Wichtiggelten: Wenn der das und das bekommt, dann steht mir das erst recht zu. Das bin ich mir selber schuldig. – Wir renommieren wirklich vor uns selbst.

Haben wir das nötig? Ist uns der Welthintergrund, ist uns Gott wirklich so feindlich? Fühlen wir uns so verloren, daß wir diesen Leuchtstoff Geld brauchen, um uns zu markieren? Im Gleichnis des Jesus sagt Gott zum Fordernden: »Mein Freund!« Das eröffnet Himmelreich: Wir müssen uns nicht mehr wichtig machen, sondern wir sind wichtig! Wichtig dadurch, daß Gott uns zu Freunden erklärt, zeitlich und ewig. Und damit erscheint am Horizont ein anderer Grund, mit Lust zu arbeiten. Arbeiten, nicht um mich nur zu ernähren, auch nicht, um mich wichtig zu machen, sondern arbeiten, weil ich darin wirklich werde und wichtig. Nicht ich muß mich wichtig machen, sondern ich darf an Wichtigem teilhaben; darf Nötiges besorgen, darf ernähren, kleiden, pflegen, anleiten, ordnen, hörbar, denkbar, fühlbar machen, Frieden bauen, Unrecht weniger werden lassen, Leckeres kochen, erfreuen. Andere darf ich spüren lassen, daß sie wichtig sind, und damit sie bestätigen als der Mühe wert. Und dies ist doch schon ein Stück Himmel? Daß du und ich im Weinberg Gottes, dem Leben, wirken können, mitbewirken können, daß statt Steinen Wein und Brot und Rosen wachsen, ist das nicht Reiz genug, früh aufzustehen und ranzugehen an die Arbeit? Gott arbeitet doch auch. Die ganze Zeit ist er damit beschäftigt, uns Menschen als Gefährten, als Kompagnons, als Genossen, als Mitarbeitende einzuspannen. Dazu hat er ja auch das Treibmittel Eigennutz erfunden. In Form von Lebenswille, Revierinstinkt, Lust auf Eigenes drängt uns das Geheimnis der Welt zur Tat. Aber das andere Treibmittel setzt uns doch auch in Gang: die Lust, an einer schönen Geschichte beteiligt zu sein, sie mitzuschreiben, mitzuwirken – sie bringt uns doch auch auf die Beine. Darum, wenn unser Lebensunterhalt gesichert ist, mit ziemlichem Spielraum, dann können wir auf Geldzuwachs verzichten zugunsten derer, die ums Überleben kämpfen, weil sie niemand einstellt.

Die Frage nach dem gerechten Lohn für die in Arbeit-Stehenden ist wichtig. Aber sie unterdrückt die viel dramatischere Frage: Wie kommen die Arbeitslosen bei uns und auf der ganzen Erde in Arbeit? Und wie ehren wir die, die unentgeltlich das Netz der Nächstenliebe knüpfen? Wo wir mit Geld die Menschenwürde messen, da zerreißen wir das Netz des Lebens. Mutterliebe, Freundschaft, Humanität, woher nehmen, wenn nur zählt, was zählbar ist? Wir sind doch darauf angewiesen, daß Liebe uns trägt und Würde uns zugesprochen wird. Gott, die Liebe, die Würde, die schmückt uns doch mit so viel Vermögen an

Liebe und Würde, an Zuneigefähigkeit. Wenn wir nicht Lust hätten, davon abzugeben, wären wir fern von Glück und Ganzheit.

Die Arbeiter im Gleichnis, die früh am Morgen eingestellt wurden, die hatten gerade genug, um nicht an Geld denken zu müssen. Die konnten ihr Werk tun. Die fast den ganzen Tag ohne Arbeit waren, mußten immer daran denken: Wie komme ich an das Geld für das Abendessen? – Wer war glücklicher dran? Wir haben hoffentlich gerade Geld genug, um nicht dran denken zu müssen, wie wir uns und unsere Angehörigen heute und morgen ernähren. Auch das ist ein Stück Himmel, da wir freigesprochen sind zur Arbeit, die getan werden muß, wir Glücklichen.

Wovon sich unsere Seele nährt

Drei Erfahrungen will ich gern auf die Reihe bringen. Zwei haben mit Überforderung und Verschwendung und Verbrauch zu tun, die andere mit dem Gegenteil. Einmal das Auto; vielen, auch mir, lieb und wichtig. Dabei müßte ein Auto durchschnittlich achtzigtausend Mark und der Liter Benzin etwa sieben Mark kosten, wenn wir Benutzer von Autos alle Schäden an Menschen und Natur, die wir anrichten, auch bezahlen würden. Wir, die Glieder der automobilen Gesellschaft, müssen von unserem unvernünftigen Umgang mit diesem so nützlichen Instrument wegkommen. Immer mehr Freiheit geht uns verloren durch dieses Instrument, das eigentlich zur Freiheit erfunden war.

Das andere Problem ist der Müll. Wir produzieren dermaßen viel Abfall und vergeuden Rohstoffe und Energien und Landschaft, daß wir wirklich Räuber zu nennen sind an den Schätzen des Lebens.

Und jetzt das Gegenbild: beglückende Stunden am Meer, die Sonne, das Glitzern und Rauschen der Wellen, die friedlichen Menschen zwischen Schauen und Schlafen, den körnigen Sand durch die Finger gleiten lassen, den Formen nachfühlen: War das eine versteinerte Schnecke mit diesen Riffelungen? Wie lange mag dieser Stein auf dem Meeresboden gerollt worden sein, bis ihn der Saugbagger vor Sylt auf den Strand geschleudert hat?

Diese Erfahrungen verschlingen sich ineinander. Es ist ein Gemenge, wie es, ähnlich oder anders gemischt, auch bei dir vorliegen mag. Hier Fülle, die erschöpft, und dort Leere, die erfüllt. Einerseits machen, tun, leisten, produzieren; Termine wahrnehmen, Pflichten erfüllen, gehorchen, Druck aushalten, versagen, überholt werden, Ehrgeiz, Begabungen, Verpflichtungen, Sorge, Fürsorge. Forderungen überlagern dich, wenn nicht jetzt, dann schon bald wieder. Und deine / meine Haltung ist Alarmbereitschaft. – Andererseits: schauen, fühlen, sich's wohl sein lassen, zufrieden werden, spazieren, Musik, zeichnen im Sand, umarmen, danken. Deine Haltung ist gelöst und gelassen.

Vielleicht ist ja dieses Einerseits / Andererseits schon falsch. Entweder Arbeit oder Schauen – ist schon dies Entweder / Oder künstlich?

Ich will über Pflichten und gelingendes Leben nachdenken, über erschöpfende Fülle und erfüllte Leere und suche in der Bibel Antwort in Richtung auf das rechte Maß. – Ich fand ein Gleichnis dazu, merkwürdigerweise als Haupttext zum Erntedankfest bekannt, vielleicht weil da von einem Kornbauer die Rede ist und von Ernte. Ich lese diesen Text am Erntedankfest nie. Aber für Tun und Lassen, für Arbeiten und Die-Seele-Finden könnte der Text uns was eröffnen: »Und Jesus sprach: Es war ein reicher Mensch, dessen Feld hatte gut getragen. Und er dachte bei sich selbst und sprach: Was soll ich tun, ich habe nichts, wohin ich meine

Früchte sammle, und sprach: Das will ich tun, ich will meine Scheunen abbrechen und größere bauen und will darin sammeln all mein Korn und meine Vorräte und will sagen zu meiner Seele: Liebe Seele, du hast einen großen Vorrat für viele Jahre, habe nun Ruhe, iß, trink und habe guten Mut. Aber Gott sprach zu ihm: Du Narr, diese Nacht wird man deine Seele von dir fordern, und wem wird dann gehören, was du angehäuft hast?« (Lukas 12,16–20)

Was ist des Kornbauers und vielleicht auch unsere Narrheit? – Er ist ja getrieben von der Logik der Besitzvermehrung. Ich habe viel Ernte, wohin sammle ich die Früchte? Und Geld ist gesammelte Ernte, die zeitgemäße Methode, Früchte zu bergen. Geld ist immer Frucht geleisteter Arbeit, nicht immer Arbeit dessen, der das Geld hat. Daß es hier bei dem Bauern aber rechtlich einwandfrei zugeht, daran zweifelt auch Jesus nicht. Kein Fluch über die Reichen, das Recht auf Eigentum ist unbestritten. Der Acker hat gut getragen, mehr Scheunen müssen her. Josef hat einst ja ganz Ägypten gerettet dadurch, daß er mehr Scheunen gebaut hat und Korn vorhielt für die Not. Daß er damit dem Pharao zur Leibeigenschaft über ganz Ägypten verhalf, schmälert nicht Josefs Gottesgnadentum.

Vorsorge für sich und andere treffen, gehört zur Würde des Menschen. Jesus lobt die klugen Jungfrauen, die sich einen Kanister Öl mitgenommen haben beim Warten auf den Bräutigam (Matthäus 25,1–13). Töricht waren die, die von der Hand in den Mund lebten; barsch wurden die abgewiesen, die sich zu schnell verließen auf die Hilfe anderer.

Auch Jesus hatte unter seinen Jüngern einen Kassenwart. Man soll die Mildtätigkeit anderer nicht überstrapazieren. Paulus betont wiederholt mit Stolz, daß er immer noch Teppichknüpfer sei, er will sich nicht vorwerfen lassen, daß er sich vom Predigen ernähre. Auch das Unternehmertum ist nicht fragwürdig, im Gegenteil; die Tagelöhner auf dem Markt, die niemand gedungen hat, sind arm dran, weil keiner ihnen Arbeit anvertraute.

Die Narrheit des Großbauern liegt nicht in seinen vielen Scheunen, glaube ich, sondern in seiner Meinung, er könne seine Seele, sich selbst also, stillen durch mehr Besitz. Ich kann mir diesen Bruder richtig vorstellen, wie er nachts aus dem Schlaf fährt, von bösen Träumen aufgeschreckt: Millionen Hungriger fallen in Deutschland ein und nagen an seinem Besitz. Zweihundert Milliarden Staatsschulden mehr in diesem Jahr nagen seine Werte mit an. Vielleicht auch träumt er noch, daß seine Frau sich scheiden läßt und ihm entführt, was ihr zusteht. Und die Kinder gehen nicht arbeiten. Und dann noch erscheint ihm im Traum sein alter Vater, der sagt: »Du darfst nicht nachlassen, du mußt gut sein, du mußt unabhängig sein, du darfst nicht der Willkür anderer ausgesetzt sein, du mußt den Erfolg wollen.« Und angstgebadet fährt er im Schlaf auf und greift sich ans Herz und dann an den Schlüssel vom Tresor, und dann guckt er, ob die Frau noch da ist und grübelt, wie er die Angstträume parieren kann: Das will ich tun, und das will ich tun: Ich will die Einlagen besser sichern und einen Teil aufs Nummernkonto bringen in der Schweiz. Vater hat sowieso immer gesagt: ein Drittel Aktien, ein Drittel bar, ein Drittel Gold, also bessere Vorsorge. Und jetzt, liebe Seele, jetzt gib Ruh', und morgen iß und trink, und habe guten Mut. Aber die Träume kommen wieder, und er schiebt nach und denkt noch mal nach über sichere Tresore und bessere Alarmanlagen und noch einige zusätzliche Tausender durch ganz legale Steuertricks. »Ach, liebe Seele, gib doch endlich Ruh'.«

Auch wenn du nicht Effekten stapelst und nicht Immobilien sammelst, hast du, hab ich Ehrgeiz und will viele mir gewogen machen. Du, Arzt/Ärztin, der/die du dich verausgabst an die Patienten, keinen Bauch mehr hast für dich selbst; und du, Bettenvermieterin, die du dein Herz an die Gäste hängst bis zur totalen Erschöpfung; und du, Politiker/Politikerin, der/die du dich verzehrst fürs Gemeinwohl; und du Kämpfer/Kämpferin für Wahrheit, du hast auch deine tausend ganz legalen Idealistentricks, um Anrecht zu häufen auf Ehre, Sinn, Wert, Würde, Achtung, Bewunderung – deine Drogen. Und je mehr unsere Ideale mit Bescheidenheit durchsetzt sind, um so wirksamer hintergehen wir unsere Seele.

Aber wem wird, was du angehäuft hast, gehören, wenn du tot umfällst? Was hat Besitz und Ehre mit dir zu tun, wenn du in Gottes Hand fällst? Dein Mietvertrag mit dem Leben ist täglich kündbar! Welche Seele kommt dann bei Gott an? Deine von Ehrgeiz und Bedeutenwollen geschwellte Seele? Vielleicht dann lieber eine Seele, die sich nackt und bloß sieht, weil alle Güter jetzt bei den lachenden Erben sind. Das letzte Hemd hat keine Taschen, weder für Kreditkarten noch für gute Werke, wir wissen es. Und weil wir es wissen, sind Berge oder das Meer ein Glück. Unser Innerstes atmet auf, wenn wir am Meer sitzen. Einmal unverwandt eine Stunde nichts tun, nichts machen, nichts produzieren, nichts ordnen, nichts ins Lot bringen, keine Beziehung knüpfen, sondern eine Stunde einfach da sein als Nutznießer und Zeuge der Güte Gottes.

Wir wissen innen, »es ist doch unser Tun umsonst auch in dem besten Leben« (EKG 195,2). Wir wissen innen, Gott hat uns doch auf seinem Experiment-Planet Erde ausgesetzt, um seine Güte, seine Freundlichkeit zu testen, inklusive unserer Begabung, auch uns selbst zu genießen und zu nützen mit unseren Fähigkeiten. Aber daß wir unser Leisten und Sammeln und Haben zur Seelennahrung machen, ist gegen unser Wesen. Beim Auto passen wir auf, der Sprit muß bleifrei sein, sonst ist der Katalysator hin, aber unsere Seele halten wir für Trödelware. Dies Organ für Gott stopfen wir aus mit Besitz und Beifall. Doch unsere Seele ist dabei gar nicht guten Mutes. Und so stopfen wir nach: noch mehr Haben, noch mehr Anerkennung. Wir verwandeln noch mehr zu Ware, scheffeln noch mehr Dankschreiben oder Scheine oder Antiquitäten. Aber die Seele – es könnte sein, daß sie auswandert, wegläuft, bis wir, wenn es glückt, sie wiederfinden am Strand oder in der Heide. Und da sitzt sie schmetterlingsgleich, setzt sich auf deine Augen, gefüllt von Schönheit, setzt sich auf deine Hände, die endlich beten, und bittet um Einlaß.

Kein Entweder/Oder, arbeiten oder die Seele pflegen, haben oder sein; Fülle, die erschöpft, oder Leere, die erfüllt. Finden wir für uns das rechte Maß von Arbeit und Ruhe, das uns an Gottes Wirken teilhaben läßt. Finden wir unsere Arbeit, die uns und anderen gut tut, ob wir ein Küchenregal basteln oder einen Konzern, ob wir Töpfe effektiver stapeln oder Firmen effektiver zueinanderordnen. Der Unterschied ist nur der, daß, wenn ein Regal zusammenkracht, Töpfe kaputtgehen, wenn ein Konzern zusammenkracht, Menschen in Leid gestürzt werden. Das ist keine Warnung vor vielen Scheunen, großen Konzernen, sondern gerade, im Gegenteil, Ermutigung zum verantwortlichen Bauen und Basteln. Und daß wir mit der Seele dabei sind und sie nicht ins Exil schicken. Wohl dem, der weiß, daß er Menschen zu effektiverer Arbeit verhilft und nicht nur Töpfe oder Autos effektiver produziert.

Der Großbauer baute Scheunen, wir bauen Vorratshäuser, Parkplätze. Die Illusion dabei liegt nahe, wir könnten damit unser Innerstes stillen. Unsere Seele rät etwas anderes. Sie rät: Nicht so viele Vorratshäuser errichten, sondern Vorräte teilen, verschenken. Nicht so viele Parkplätze, sondern lieber Wege in Kauf nehmen. Fünfzig Prozent der Laufzeit der Autos in den Städten gehen für die Suche nach dem Parkplatz drauf. Es liegt nicht daran, daß wir zu wenig Parkplätze hätten, sondern daß wir mit zu vielen Autos fahren.

Unsere Seele will weniger Verpackung. Unsere Seele ist ja einverstanden mit Zugfahren. Sie will nicht gehetzt werden, sondern will sich mit uns unterhalten, sie will nicht betrogen sein durch den Verpackungsmüll, der uns täglich vorführt, wie dämlich wir sind. Unsere Seele will lieber denen in Not helfen, daß sie in ihrer Heimat ihr Auskommen haben, als sich hier gegen sie zu verbarrikadieren.

Das Närrische unserer Geldlogik ist, daß sie uns zu Dienern des Vermehrens macht: mehr Geld, mehr Sachen, mehr Anerkennung, mehr Fülle, die erschöpft. Unsere Seele aber nährt sich von der Leere, die erfüllt, vom Schauen der Wunder, vom Klang, von Düften, von Berührungen der Liebe, vom Danken. Der Mensch lebt nicht vom Brot allein, sondern von einem jeden Wort Gottes. Meinen wir, daß unsere Seele gern in uns wohnt?

Vater unser –
vergib uns
unsere Schuld

Vater unser – vergib uns unsere Schuld

Diese Bitte ist so wichtig wie die ums tägliche Brot. Aber ich muß in dieses Begehren erst noch hineinwachsen. Noch lüge ich beim Beten, denke höchstens: »Entschuldige!« – wir wir das uns oft sagen, mehr höflich denn als lebensrettendes Begehren.

Wenn wir diese Bitte sprechen, erinnern wir uns wohl nur flüchtig einzelner Schwächen, unfairer Passagen, Lügen vielleicht, wenn's hoch kommt, einer Situation der Scham in der letzten Woche. Aber schon weggehuscht ist sie, ich bin über sie hinweggehuscht; Nebel zieht durch meinen Kopf, als wollte ich's selbst nicht merken.

Ich kann's den Menschen nachfühlen, die Verräter wurden an die Stasi, überführt durch eine Verpflichtungserklärung, die sie vor zwanzig, dreißig Jahren unterschrieben haben, die aber erst jetzt auftauchte. Sie fallen aus allen Wolken. Sie tun nicht nur so; ihr Selbstbild war so normal, sie haben ihr Prestige, die Wohlanständigkeit, die ihnen immer nachgesagt wurde, für ihr Eigentliches genommen. Das Unrecht taten sie wie nebenbei, fast wie Schlafwandler. Und sie können es immer noch nicht glauben, daß sie die widerlichen Leute sind, von denen die Zeitung schreibt. Ich kann sie verstehen. Diesem Wissen »Ich bin ein mieser Typ« sich ausliefern, das verlangt kein Rechtsstaat. Ich muß nicht gegen mich aussagen, ja, das leuchtet mir ein. Haben denn die ein Recht auf meine Wahrheit, die mich verurteilen werden? Aber ich zumindest hätte ein Recht auf meine Wahrheit über mich. Doch wir gehen so ungern zum Arzt, wollen Erkenntnis hinauszögern. So wollen wir auch nicht wissen unsere Flut von Dunklem in uns. Denn wie sollten wir ihr begegnen, wie standhalten?

Wenn wir es gelernt hätten, geliebt zu sein, wie wir sind, auch mit der geballten Faust gegen Vater und Mutter, auch mit dem Gelüst, unsere Schwester, unseren Bruder umzubringen, mit der Gier, Sieger zu sein, und mit unserem Stolz; wenn wir gelernt hätten, Geliebte zu sein mit unserem Kuddelmuddel aus guttuenden und wehtuenden Gedanken und Taten, dann könnten wir Schuld zugeben. Aber die irdischen Götter unserer Kindheit waren nicht gütig: Ja, ich habe geklaut: ohne Essen ins Bett. – Du hast gelogen? Wir haben ein Recht auf Wahrheit! – Du hast dein kleines Schwesterchen vergessen? Jetzt vergessen wir dich auch mal, ab in den Keller!

Und wenn die Vormünder unserer Kindheit oder einer von ihnen gütig waren, waren sie schwach. Und fielen dem anderen nicht ins Wort, sondern schützten ihn und nicht uns. Und sie waren einander solidarisch verschworen; vielleicht gab einer ein verstecktes Zeichen, aber keinen Trost. Und der »liebe« Gott war uns genauso gespalten: Gott sieht alles! Er liebt nur gute Kinder! Wen Gott liebhat, den züchtigt er. Und Vater oder Mutter vollzogen Jüngstes Gericht.

Hat dich dann aber eine Geschichte vom guten Gott erreicht – durch wen auch immer, eine Oma oder Lehrerin –, von diesem Guten, der die neunundneunzig ordentlichen Schafe läßt, um das eine verlorene zu suchen, dann war er doch schwach und fand nicht dich; so schien es, und du weintest dich in den Schlaf, hofftest nur, ganz schnell einschlafen zu können, bevor das Licht ausging im Flur. In zehn Minuten sollten wir eingeschlafen sein – was für eine Hilfe zum Einschlafen! Es war ein böses Spiel, und die es trieben, wußten nicht, was sie taten. Sie gaben nur die rigorose Erziehung weiter, die ihnen widerfahren war. Schreien lassen stärkt die Lungen. Ein echter Junge (früher: ein deutscher Junge), ein liebes Mädchen... Das war bei mir ergänzt von einem handgebundenen Buch, das Vater aus dem Krieg schickte, mit biblischen Bildern: Vor Augen habe ich noch heute Adam und Eva, wie sie aus dem Paradies davonschleichen und ein Riesen-Engeldrachen davor, und das andere Bild: Jesu mit blutunterlaufenen Augen, darunter stand: Das tat ich für dich. Was tust du für mich?

Alte, vergangene Zeiten? Wohl nicht. Eben hat eine Ärztekommission verlangt, daß alle Leichname von Kindern, die starben, obduziert werden. Hundert Kindesmißhandlungen mit Todesfolge werden offenbar, aber Fachleute schätzen das Zehn- bis Zwanzigfache. 300000 Kinder kommen pro Jahr in ärztliche Behandlung wegen schwerster zugefügter Schläge und Verletzungen.

Auch das Bild vom strafenden Gott ist noch ganz frisch da, nur in anderer Maske, im Fernsehen als blutige Monster, als Saurier im Kinderzimmer. Statt Gehorsamsdressur heute oft Verwahrlosung – auch das nur ein Kennzeichen: Die alten Zeiten sind noch frisch.

»Wem wenig vergeben wird, der liebt wenig«, sagt Jesus (Lukas 7,47). Wir wurden geschickter im Verstellen oder härter in der Abgrenzung oder perfekt im Verdrängen. Mir ist ein Erlebnis nahe geblieben bis heute: Ich nahm an einem Seminar in einer evangelischen Akademie teil. Die Gruppe versuchte, unter fachkundiger Leitung, Licht in unsere Gefühle zu bringen anhand von Träumen. In den ersten beiden Tagen folgte ich meinem Trieb, alles in ein besseres, hoffnungsvolleres Licht zu stellen. Ich ertrug es nicht, wenn Lähmung und Verzweiflung den Nächsten und die Gruppe überfiel. Und dann kam auf mich die Sprache: Warum das so sei? Und mir wurde klar, daß ich, Spezialist für positives Denken, nur Angst habe, Angst vor der Angst ins Dunkle gezogen zu werden, mein eigenes Dunkles, Gewalttätiges anschauen zu müssen. Am dritten Tag dann konnte ich zuhören einer Lebensgeschichte voller Chaos und Zerstörung und Lebenskraft. Da waren auch dämmernde Knospen von Bewahrung vorhanden, und die spießte ich nicht auf durch Verstärkung, sondern hegte sie mit durch Stillhalten. Und ich dankte dem Menschen, der seine Geschichte erzählt hatte, und gestand ihm, ich hätte die zwei Stunden voller Schmerzen kaum ausgehalten, und er hält doch dies Leben schon fünfzig Jahre aus. Und ich entdeckte ein Stück meiner Schuld: Meine Lust auf Harmonie und schöne Gefühle – auch zum Preis, daß ich abschneide die Schmerzen, die Schreie, die Verzweiflung, vor allem bei anderen. Lieber Sportschau als die Tagesschau, aus Angst: Wer zu lang in den Abgrund blickt, in den kriecht der Abgrund.

Aber: Im Abgrund wartet Gott. Im finsteren Tal ist er bei uns. Wenn unsere selbstgemachte Gerechtigkeit in Fetzen an uns herabhängt, wir ein Spott der Leute sind, zurückgeworfen auf nichts als grundlose Gnade, dann kann es sein, daß sie uns erreicht und dämmert. Wenn alle ärztlichen Prognosen auf Sterben hinlaufen, kann uns Behütetsein aufgehen. Wenn uns die Kinder in Grund und Boden verachten, daß sie uns fliehen bis in die Gosse, wenn all unser Dünkel krepiert ist, dann kann uns aufgehen die Bitte: Vater, Gott, vergib uns unsere Schuld. Aufleuchten kann diese Bitte uns wie der erste Sonnenstrahl nach Sintfluten.

Erst wenn uns das Entsetzen über uns erreicht, gibt es ein Weiter. So lange ziehen die Schleier der Illusion und Resignation und Kampflust durch unseren Kopf. Und ich muß mich abarbeiten oder äußeres Chaos verbreiten, damit ich mir das Innere überdecke, oder muß peinliche Ordnung herstellen, mir zur Illusion, als sei in mir Ordnung. Und ich muß rödeln und wühlen, scheinbar selbstlos und zensierend und mich empörend mir beweisen, daß ich lebe, oder muß mich fühlen durch Selbstvorwürfe und Schuldgefühle.

Aber Schuldgefühle können uns nicht vergeben werden. Nur Schuld kann uns vergeben werden. Also ist es Gnade, wenn das Kartenhaus meiner selbstinszenierten Wohlanständigkeit zusammenstürzt. Es ist der Anfang von etwas. Jedenfalls das Ende von Nichtigem, von dem, was Paulus die Früchte des Todes nennt (Römer 7,5). Aber Paulus sagt noch mehr: »Wo die Sünde mächtig geworden ist, da ist die Gnade noch viel mächtiger geworden, damit, wie Sünde geherrscht hat tödlich, so auch die Gnade herrsche, durch die uns von Gott zugefügte Gerechtmachung. Dies zum ewigen Leben durch Jesus Christus, unseren Herrn.« (Römer 5,20–21)

Diese Worte sind theologische Juristensprache. Der bekehrte jüdische Gesetzeslehrer Paulus bringt die Heilstat Jesu auf den theoretischen Begriff. Und ganz mühevoll müssen wir entschlüsseln, müssen Tun und Ergehen des Jesus wieder uns vor Augen führen: Jesus, ans Kreuz geschlagen, zu Tode gefoltert, schreit sich in Gott hinein. Das Böse, das ihm widerfährt, vollzieht sich an Gott. Das Böse trennt nicht von Gott; Gott trennt sich nicht von uns Bösen, von uns Bösgemachten. Es ist nicht so, daß Gott seinen Sohn hingab an böse Mächte, sondern Gott gab sich hin in Gestalt seines Sohnes. Gott gibt sich hin in Gestalt der Leidenden dieser Erde an die Bösen, die böse gemacht worden sind, mißbraucht zu Henkern, in Angst gejagt zu Pilatussen. Böse gemacht auch die Hannas und Kaiphas, die Priester und Lehrer, in Schach gehalten durch die Einschüchterung, das Dichten und Trachten des Menschen sei böse von Jugend auf, also muß der Mensch durch Gesetze zum Guten gezwungen werden, muß Trotz gebrochen werden.

Aber was ist denn der Trotz – doch das Aufbäumen unserer Autonomie-Ahnung. Wir ahnten doch, ein eigener Mensch sein zu dürfen. Und was hatten wir Kraft, aufzustampfen – wenn wir da geliebt und beharrlich belehrt worden wären: Was du willst, das dir die anderen tun, das tu auch. Das hätte gereicht. Das ist nach Jesus die Summe von Gesetz und Propheten (Matthäus 7,12). Wenn Eltern jetzt erziehen, wie sie gern erzogen worden wären, wenn wir jetzt unsere Kinder so sein lassen, wie wir gern hätten sein dürfen – doch, es gelingt manchmal manchen.

Vielleicht finden unsere Kinder und Enkel zu dem Gott des Jesus zurück, dem glühenden Liebhaber des Lebens, weil sie nicht zur Kirche gehen, weil sie keinen Religionsunterricht haben, weil noch so viel Verstockendes darin weitergegeben wird. Vielleicht finden sie in Botschaftern am Wege, in unerkannten Engeln, in Fingerzeigen ihrer Biographie den Gott, der liebend gern Schuld vergibt, der uns aus dem Staub unserer Verachtung erhebt, uns schön macht durch Verzeihen, uns krönt mit Gnade und Barmherzigkeit. – »Verleugnet euch, verlaßt die Welt«, das ist so ein alter Satz aus dem Gesangbuch (256,1.2), den dürfen wir nicht mehr singen, »mit heiligem Tugendleben« – das Wort ist doch verdorben bis dorthinaus.

Gott kann uns erst retten, wenn wir uns nicht mehr schützen mit Arroganz, mit Prestige, mit Frömmigkeit, mit Talmi-Wohlanständigkeit. Mancher kann gerettet werden erst nach dem Tod. Gott vergibt, wenn wir ihn bitten, wenn wir zulassen, uns als Schuldige zu sehen. Bis dahin müssen wir uns abmühen mit unseren Schuldgefühlen, müssen anderen Schuldgefühle einjagen. Und das Karussell der Überforderten, der kleinen und großen Tyrannen und Ausbeuter läuft schneller und schneller, bis wir hinweggeschleudert werden ins letzte heilende, richtende, herrichtende Gericht.

»Vergib uns unsere Schuld« ist nicht geschrieben an einen jenseitigen Richter, der fern über allem thront und Buch führt und zuläßt und zuläßt bis dorthinaus. Jesus sieht Gott ganz anders, und er steht mit seinem Leben bis zum Tod hin dafür ein, daß keiner mehr leidet als Gott selber. Er, das Weltgefühl und Weltgewissen, Vater/Mutter des Lebendigen, er trägt die Sünde der Welt, und jedes Kainszeichen ist an seine Stirn gezeichnet, und jeder Schlag gegen uns und andere trifft in sein eigenes Fleisch. Wie einer Mutter, wenn sie zuschauen muß, wie ihr Kind gequält wird, so geht es Gott permanent. Nicht Gott läßt leiden, sondern wir lassen Gott leiden, wenn wir den Glutkern Gottes, nämlich unser Selbst, unsere Seele, klein machen und ausdörren und martern in uns, in anderen.

»Vergib uns unsere Schuld« bitten wir den, der uns bittet: Laßt euch versöhnen mit mir (2. Korinther 5,20), der um uns anhält: Laßt die blutrünstigen Gottes- und Menschenbilder euch aus dem Herzen nehmen. Und verkennt mich nicht weiter, und verkennt euch nicht weiter. Bittet um Vergebung und lebt, lebt wie zum ersten- und letztenmal. Und dann kann uns Gnade widerfahren wie Petrus: Lange hatte er nichts gefischt, und dann schickt ihn Jesus los, und Petrus macht riesige Beute – das Boot voller Fische. Da stürzt Petrus vor Jesus nieder: Gehe hinweg von mir, ich bin ein sündiger Mensch. Und Jesus spricht: »Fürchte dich nicht, von nun an wirst du Menschen gewinnen.« (Lukas 5,10)

Gott, vergib uns unsere Schuld – dies beten, glauben, für möglich, für wirklich halten, ist wie neugeboren werden. Daß uns diese Bitte in den Mund gelegt wird, ist Anfang eines anderen Lebens. Hunderte von Generationen haben das Vaterunser gelernt, gesprochen, gemurmelt, geflüstert – und hörten aus dieser Bitte vielleicht das Falsche heraus: daß wir zuallerst schuldig gesprochen seien durch einen donnernden Himmelsrichter. Das Evangelium wurde oft als Keule mißbraucht, uns Schuldwissen einzuprügeln. Aber »das Christentum hat nicht den Begriff der Sünde erfunden, sondern den der Verzeihung« (Nicolás Gómez Dávila). Sünde ist ein Urwort der Menschheit, beschreibt eine Urbefindlichkeit von uns allen. Ganz früh im Lebenslauf werden wir als Sünder entlarvt von Vater und Mutter, beim Lügen ertappt, vom Lehrer beim Abschreiben erwischt und vom eigenen Gewissen beschämt, als wir einen wehrlos am Boden liegenden Mitschüler noch verhöhnten. Dann das Protzen mit Sachen, die andere nicht hatten, wir taten es ganz unbefangen, bis ein Mensch uns erschreckte: Was bist du für ein fieser Typ, und ich mußte ihm recht geben, schämte mich. Sünde ist unsere Nachtseite, sie ist vorhanden, auch ohne christlichen Glauben. Sie kann illuminiert werden: Sei kein Feigling oder: Du nützt dem Vaterland oder der Wissenschaft.

Bekannt geworden ist der (Abraham-)Test: Für ein der Wissenschaft dienendes Experiment suchte man Menschen, die andere bestrafen sollten, um deren Gewissen zu testen: Stromstöße hatten die Helfer auszuschicken, von schwach bis stark, um die zu Prüfenden zur Wahrheit zu locken. Langsam steigerten die Helfer die Dosierung. Die Prüflinge schrien, weinten, flehten, aber die Wissenschaftler erklärten den Prüfern, daß Beharrlichkeit nötig sei, um der Wissenschaft willen. Nahezu alle Helfer bedienten den Schalter bis fast zur höchsten, lebensbedrohlichen Stufe. Doch die Helfer sollten getestet werden, nicht die Prüflinge. Die waren eingeweiht, die Stromleitungen führten keinen Strom; getestet werden sollte, wie weit, für eine angeblich gute Sache, Menschen zu gehen bereit wären. Fast alle viel zu weit, weil in uns allen eine Nachtseite des Grausamen, Verblendeten, Rücksichtslosen ist, das wir nur getarnt ausleben. Darum spielen schon Kinder gern Polizist und jagen das Böse – eigentlich, um die Stimmen in ihrem eigenen Kopf zu beruhigen. In uns innen stehen wir vor einem Richter, gleichzeitig sind wir Angeklagte und Kläger. Dauernd müssen wir uns entschuldigen; unsere Nachtseite nehmen wir uns übel, wollen sie verdecken, vor anderen vernebeln, müssen Entschuldigungen inszenieren, daß es uns überhaupt gibt, müssen leisten und schuften und Vorbildliches vorzeigen, um uns wieder gut zu machen. Einen Ausweg gibt's: Schlechtes Gewissen für andere spielen, empören, übelreden, zensieren, Ankläger anderer werden – das macht mich unbelangbar, kann eine Spanne lang meine Nachtseiten mir zudecken. Mein dröhnender guter Ruf übertönt die Schreie meines Gewissens. Vielleicht gibt es gepanzerte, versteinerte Menschen. Aber viele werden auch hellhöriger, schauen sich selbst zu, bemerken sich, verachten sich, wollen sich abschaffen, weil sie vielleicht einen anderen abschaffen wollen, der sie zerrüttet hat von früh an.

Sünde, Schuld, Böses ist bei uns von Jugend auf. Dafür brauchen wir das Christentum nicht. Das Schuldwissen gehört zum Menschen. Wenn schon bei den Tieren ein instinktives Wissen ist von Schuld, wieviel erst beim Menschen. Der Wolf, der dem Leittier ungehorsam war, unterwirft sich, bietet seine Kehle dar und darf sich wegdrücken. Und der Hund, der seinen Herrn angebellt hat, erschrickt über sein Versehen und bellt die Wand an, als hätt' er Herrchen nur aus Versehen gestreift.

Das Christentum hat nicht den Begriff der Sünde erfunden, sondern den der Verzeihung gefunden. Und das kam so: Jesus entdeckte wieder und endlich den Gott, der uns glühend liebt, »der dir alle deine Sünden vergibt und heilet alle deine Gebrechen... Er handelt nicht mit uns nach unseren Sünden und vergilt uns nicht nach unserer Missetat. So hoch der Himmel über der Erde ist, läßt er seine Gnade walten.« (Psalm 103,2.10–11) Hinreißend zieht Jesus die Menschen in den Wärmestrom Gottes, z. B. Maria Magdalena. Ihr sagte er: Dein Glaube hat dir geholfen; lebe in Frieden. Er sagte es der Frau, die an seiner Hand wagte, sich dem gütigen Gott anzuvertrauen. Jene Geschichte ist eine Offenbarung:

»Es bat ihn aber einer der Pharisäer, bei ihm zu essen. Und er ging hinein in das Haus des Pharisäers und setzte sich zu Tisch. Und siehe, eine Frau war in der Stadt, die war eine Sünderin. Als sie vernahm, daß er zu Tisch saß im Haus des Pharisäers, brachte sie ein Glas mit Salböl und trat von hinten zu seinen Füßen, weinte und fing an, seine Füße mit Tränen zu benetzen und mit den Haaren ihres Hauptes zu trocknen, und küßte seine Füße und salbte sie mit Salböl. Als aber das der Pharisäer sah, der ihn eingeladen hatte, sprach er bei sich selbst und sagte: Wenn dieser ein Prophet wäre, so wüßte er, wer und was für eine Frau das ist, die ihn anrührt; denn sie ist eine Sünderin. Jesus antwortete und sprach zu ihm: Simon, ich habe dir etwas zu sagen. – Er aber sprach: Meister, sag es! – Ein Gläubiger hatte zwei Schuldner. Einer war fünfhundert Silbergroschen schuldig, der andere fünfzig. Da sie aber nicht bezahlen konnten, schenkte er's beiden. Wer von ihnen wird ihn am meisten lieben? Simon antwortete und sprach: Ich denke der, dem er am meisten geschenkt hat. Er aber sprach zu ihm: Du hast recht geurteilt. Und er wandte sich zu der Frau und sprach zu Simon: Siehst du diese Frau? Ich bin in dein Haus gekommen; du hast mir kein Wasser für meine Füße gegeben; diese aber hat meine Füße mit Tränen benetzt und mit ihren Haaren getrocknet. Du hast mir keinen Kuß gegeben; diese aber hat, seit ich hereingekommen bin, nicht abgelassen, meine Füße zu küssen. Du hast mein Haupt nicht mit Öl gesalbt; sie aber hat meine Füße mit Salböl gesalbt. Deshalb sage ich dir: Viele Sünden sind ihr vergeben, darum hat sie viel Liebe gezeigt; wem aber wenig vergeben wird, der liebt wenig. Und er sprach zu ihr: Dir sind deine Sünden vergeben. Dein Glaube hat dir geholfen; geh hin in Frieden.« (Lukas 7,36–50. Der vorletzte Vers ist schon von Lukas, gegen Jesu Intention, auf den Kopf gestellt; das Gleichnis von den beiden Schuldnern führt direkt zu der Logik: Wem viel vergeben ist, der liebt viel. Die Urgemeinde konnte aber diese himmlische Logik des Jesus nicht fassen und setzte die alte gesetzliche Formel wieder ein: Wer viel liebt, dem wird viel vergeben. Jesus sagt es genau anders herum, stellt die Kopfrechnung auf die Füße: »Sie liebt viel, weil ihr viel vergeben ist.«)

Nicht Vater, Mutter oder dein Selbstbewußtsein oder Ideale oder die öffentliche Meinung sitzen über dich zu Gericht. Sondern der unendlich gute, liebende Gott schiebt sich zwischen dich und deine Kläger. Der kennt dich, will dich, wollte dich seit jeher. – Der hat dir diesen Leib und diese Seele gegeben, diese Vernunft und diese Sinne. Und diese Umstände, diese Herkunft, diese Kompliziertheit. Der ist nicht enttäuscht von dir, du hast ihn nie getäuscht – wenn du es auch manchmal dir vormachtest, du weißt, daß er's weiß, und darfst das für deine wunderbare Rettung halten. Gott weiß. Das genügt. Du meinst, du könntest dir dies und das nicht verzeihen, siehst deine Würde besudelt. Das hast du schon mit einem Kind erlebt, es kann sich nicht verzeihen, dich enttäuscht zu haben. Und wie leidest du, weil du gesagt hast: »Ich bin tief enttäuscht.« In der Tiefe deiner Liebe bist du's nicht. Du hast nur aus Stolz dein Kind bestraft, aus Hilflosigkeit, aus pädagogischen Gründen. Jetzt hast du das verschlossen gemachte Kind und willst es wieder zu Vertrauen gewinnen. Ja, mach das, sag ihm: »Du bist ein wunderbares Kind, in Wahrheit war ich nicht enttäuscht, die Versuchung war groß, und ich versteh es. Und überlege, wie es nächstes Mal anders zu machen ist.«

Gott, Jesu Gott, ist nicht von dir enttäuscht – er weiß, daß dir oft nichts anderes übrig bleibt oder übrig zu bleiben scheint, als Unrecht zu tun. Dir ist oft unwohl in deiner Haut, und wenn uns unwohl ist, rächen wir uns am ehesten – »weniger aus Bosheit als wegen eines Übels« (Robert Walser). Gott weiß, daß du manches mitmachen mußt! Er ist schmerzbeladen, von den Umständen, in die du hineingefügt bist und warst. Du warst an diesen Anfang einer Reihe von Umständen gestellt, bitte frag nicht, warum. Gott selbst ist doch befrachtet mit dieser Menschheit zwischen Engel und Teufelei und hat keine anderen Menschen, will diese Menschen, will dich, liebt dich. An den Beschädigungen durch deine Nachtseiten und anderer Menschen Schatten hat er am meisten zu tragen.

Darauf pocht Luther immer wieder: Nicht du bist Schöpfer und Richter deiner selbst. Glaub nicht deinem Gewissen, das dich verklagt, sondern flieh von ihm weg zu Gott. Glaub, daß er dich liebt, darum laß dich dir gefallen. Laß hinter dich fallen, glaub es als dir abgenommen, was Dir angetan wurde. »Will Satan dich verschlingen, so laß dir Engel singen: Dies Kind soll unverletzet sein.« Dich hat nichts vor Gott befleckt. »Vergib ihnen, denn sie wissen nicht, was sie tun«, hat Jesus für seine Henker gebetet (Lukas 23,34). In Jesu Sinne hat ein überlebender ehemaliger Auschwitz-Häftling, befragt, was er über den Charakter der SS-Bewacher aussagen könnte, geantwortet: »Schwierig, darüber etwas zu sagen. Sadisten nur wenige, die sich natürlich nach vorne schoben, weil sie ihre Veranlagung austoben konnten. Die übrigen – zirka 7000 im ganzen, würde ich sagen – austauschbar. Nicht bösartig – gedankenlos.« (Christa Wolf) Gedankenlos, fühllos, auch deine Beschädiger, sie wußten nicht, was sie in dir zerstörten. Ja, dich jagen die Erinnerungen immer wieder in Schande. Doch deine Seele hat mehr vor sich und mehr hinter sich, als diese Beschädigung dir genommen hätte. Deine Selbstachtung hat seine Wurzeln im Grund der Welt. Aus der Tiefe Gottes bist du gewollt und geschöpft. In den Tiefen Gottes bist du gezeugt und mündest wieder darein.

Das Zwiegespräch mit deinem Grund nimm wieder auf, und die Echos deiner Peiniger von ehemals verlieren sich. Deine Selbstgespräche, dieses Endlosband aus Vorwurf und Entschuldigung, sind gestoppt. Hör, wie Gott doch schon so lange mit dir redet, du sein Kind, sein Mensch, Blüte an seinem Baum, Depot der Liebe von seinem Wesen; was bist du so unruhig, wie ein Blatt, das vom Wind verwirbelt wird.

Ja, da sind die Rechtschaffenen, die selbstgefällig sich für ehrenwert halten, wie Simon; und da, Magdalena, möglicherweise eine Hure. Der Mann behandelt Jesus mit herablassender Höflichkeit. Die Frau liebt Jesus, beglückt ihn und sich mit Symbolen der Hingabe. Der Korrekte will Jesus tadeln. Aber Jesus sagt: Du verstehst sie nicht. Wem wenig vergeben ist, der liebt wenig. – Und Simon: Mir muß wenig vergeben werden, ich bin mir keiner Schuld bewußt. – Eben, sagt Jesus, Gott braucht dir nur wenig zu vergeben. Darum liebst du ihn wenig. Es ist wie mit zwei Schuldnern – dem einen erläßt der Herr fünfhundert, dem andern fünfzig Taler. Wer ist dankbarer, wer liebt mehr? Dem mehr erlassen wurde. Darum liebt Magdalena auch mehr. Ihr ist mehr vergeben. Sie glaubt sich tief geliebt von Gott. Das beschafft ihr Frieden.

Obwohl verraten von Männern, die öffentlich verachten, was sie heimlich suchen, glaubt sie ihre Würde von anderswo garantiert, lebt sie aus der Liebe, glaubt sich als ein Stück Glut vom Feuer Gottes. »Gott weiß« ist Trost genug.

Wie auch wir vergeben unseren Schuldigern

Wie auch wir vergeben unseren Schuldigern

Das kann nicht Jesu Maß gewesen sein – »Wie du mir, so ich dir«, auf Gott angewandt. Wie du meinen Menschen vergibst, so vergebe ich dir; wie du meinen Schwestern und Brüdern verzeihst, so verzeihe ich dir auch: Ein ungeheurer ethischer Anspruch rollte auf uns zu und erhöbe uns, dich und mich zum Maßgeber für Gottes Güte. Das Geheimnis der Welt würde zum Buchhalter und Gerichtsvollzieher degradiert. Wir müßten vergehen vor Angst; wir müßten immer raffinierter uns als Vergebende ausgeben, müßten unsere Mördergrubenherzen tapezieren mit Blumentapeten, müßten uns aus Geschäftssinn zur Vergebung zwingen und auch zur Liebe.

Dieses »Maß für Maß« – Gott vergibt, wie wir vergeben – legt Matthäus oft dem Jesus in den Mund. Denn für Matthäus geht es darum, die beginnende christliche Gemeinde in Jerusalem hoffähig, gesellschaftsfähig zu machen durch vorbildliche, bessere Gerechtigkeit. Aber schon Israel war weiter und hat gerufen: »Wenn du Gott die Sünden zurechnen wolltest, wer wollte bestehen? Bei dir ist die Vergebung, daß man dich ehre« – nicht »fürchte«, höchstens »ehrfürchte« (Psalm 130,2–4).

Ja, wir können vergeben; wir leben geradezu von einem Stoff, der Vergebung ist. Wie ein Leuchten ist er dem Zusammenleben beigemengt, ist geradezu der Kitt des Zusammenbleibens. Schreiend sind die Abbrüche, die Zerreißungen, weil Vergebungskraft aufgezehrt ist. Die meisten Kriege wurzeln in unvergebener Blutschuld. Im ehemaligen Jugoslawien exekutieren die Serben Rache für das ihnen angetane Unrecht vor fünfzig Jahren. Und viele Ehescheidungsprozesse resultieren aus aufgezehrter Vergebung. Wenn zwei, die sich liebten, hassen, dann tun sie es auf ungeheure Art (Erich Kästner). Und dieser Haß ist doch Jammer derer, die wissen, daß sie Vergebung brauchen. Sie häufen Rache auf Rache und schreien insgeheim um Vergebung. Sicher gibt es auch Menschen, die sich im lodernden Willen nach Rache ganz verzehren, die zusammengeschmolzen sind auf diese eine Lebensäußerung. »Wie du mir, so ich dir«, so daß sie Vergebung nicht mehr denken können. Wer brauchte mehr Güte als die, denen alle Güte ausgebrannt wurde?

Aber wir normalen, bös-guten Menschen, wir rechten, schlechten Menschen haben Vergebungsenergie bei uns. Wie haben wir unseren schwierigen Lehrern vergeben und sie hoffentlich uns auch; und wie viele Kunstfehler (allein dies Wort – erstaunlich) haben Ärzte begangen und wieviel Unrecht Pastoren. Und wieviel Schmerzliches war in unserer Erziehung, und wir sagen doch letztlich: Eltern, ihr konntet es nicht besser. Wieviel Geduld ist im Pflegeheim zu sehen mit säumigen Kindern: Ach, sie haben ja so viel zu tun, entschuldigen noch die Alten die Jungen. Wieviel Vorfahrt hab ich mir schon genommen, und andere paßten auf. Und wieviel Güte ist in den Betrieben, und wie viele geschwächte Kollegen und Kolleginnen werden mit durchgeschleppt. Viel Versäumen wird vertuscht aus Mitleid, und viele Beleidigungen werden überhört. Und wenn uns einer wirklich um Vergebung bittet und seine Schuld benennt und seinen Fall erklärt und sein Unrecht einsieht und verspricht, wieder gutzumachen, was möglich ist, oder künftig anders zu leben – wenn einer uns von Herzen bäte, wir würden ihn doch umarmen und sagen: Gut, auf ein Neues!

Doch, wir sollen vergeben, und wir können vergeben. Aber das ist nicht Gottes Maß. Jesus sagt: Wenn ihr, die ihr doch arg schwierig seid, euren Kindern und Nächsten doch gute Gaben geben könnt, wieviel mehr wird euer Vater im Himmel euch Gutes geben, wenn ihr ihn darum bittet (Matthäus 7,11). Unser Vergeben ist doch bestenfalls ein Nachahmen, braucht's auch nur sein, ein Echo, ein Nachhall, eine Resonanz. Ein Gleichnis Jesu erzählt: Zehntausend Pfund erließ der Herr einem Schuldner. Aber der Beschenkte ging hin und trieb hundert Silbergroschen mit großer Härte ein. Das machte den Herrn fast irre vor Zorn, weil von der Lawine Glück er nicht eine Flocke weitergab (Matthäus 18,23–35).

Wir sollten wohl beten: »Gott, vergib uns unsere Schuld, auf daß auch wir vergeben unseren Schuldigern.«

Zur Schuld wird ein Darlehen, wenn es nicht zurückgezahlt wird. Ist nicht alles, was wir haben, geliehenes, anvertrautes Gut? Mein, dein ganzes Leben Leihgabe, nicht Besitz, nicht eigenes Gewächs, sondern uns zugeschanzt und anvertraut und ausgeteilt und mir, dir in Pflege gegeben? Die Zeit, die Gesundheit, die Begabung, die Fähigkeiten und das Gewissen und die Gemeinschaft und daß du du sein darfst und dich fühlen und freuen kannst.

Es wäre Sünde, die Gaben zu feiern und nach dem Geber nicht zu fragen, mich selbst als Schöpfer und Betreiber und Ziel und Sinn meiner selbst zu dekorieren, mich zu brüsten, was ich kann und habe und vorzuzeigen imstande bin. Sünde ist es, mich zum Herrn im Haus des Lebens aufzuwerfen und mich zu beweihräuchern und sei es mit Großzügigkeit. Der Stachel dazu ist ja nicht schlecht. Zu unseren Gaben zählt es, stolz sein zu können. Aber wo kippt diese Gabe um? Wenn wir die Kinder sehen, die das Laufen lernen und die jauchzend uns vorführen, was sie können, und die Eltern zeigen stolzgeschwellt ihre Kinder, als hätten sie ihnen das Laufenkönnen einmontiert. Das Freudengeheul, wenn der heimische Fußballclub gewinnt. Die Mitbewerber übertreffen, überflügeln wollen, der Heißhunger zu siegen, ob mit Muskelkraft oder Gewitztheit oder Geistesblitzen, ist doch lebensstärkend. Der Stolz des Gelingens und die Lust auf Anerkennung ist nichts Böses.

Nur: Wo kippt die Freude am Gelingen ins Triumphale, ins Gotteslästerliche und Menschenverachtende? Wo alle Demut, Anmut, Grazie (zu deutsch: Dank) dahin ist. Dann, wenn wir meinen, wir wären die Urheber unseres Erfolgs, dann, wenn uns die Herkunft unseres Glücks verschwimmt, dann werden wir zu Kolossen des Erfolges und kaufen uns das Dienen anderer Menschen und brauchen nicht mehr viel Rücksicht zu nehmen. Aber andere zwingen wir dazu. Dann ist die Freude am Gelingen gekippt, und wir werfen uns zu Herren und Herrschern auf und machen uns tatsächlich die Erde untertan – obwohl wir nur Leihgaben bebauen und bewahren sollen.

»Vergib uns unsere Schuld« ist die Bitte, die uns ins rechte Maß rückt, die uns ins rechte Verhältnis stellt. Vergib uns das An-uns-Reißen deiner Güter, unser Ausbeuten deiner Schätze zu unserem Vorteil, ohne Rücksicht auf deine anderen Töchter und Söhne. Dürfen wir so bitten: Vergib uns das An-uns-Reißen deiner Güter? Dürfen wir so bitten vor den Ohren der Asylsuchenden und denen, die wir verhungern lassen? Dürfen wir so bitten vor den Ohren von Obdachlosen und Strafgefangenen? Wir wissen doch: Wenn wir auch nicht durch Aktivität schuldig sind, dann sind wir es durch unser Zulassen. »Was sind das für Zeiten, wo / Ein Gespräch über Bäume fast ein Verbrechen ist / Weil es ein Schweigen über so viele Untaten einschließt!« (Bertolt Brecht)

»Vergib uns unsere Schuld« – das dürfen wir nur erbitten, wenn wir die mit ins Auge fassen, die uns brauchen. »Und welchem viel anbefohlen ist, von dem wird man viel fordern.« (Lukas 12,48) Das ist ein Lebensgesetz. Vielleicht sind darum die Armen die Glücklichen, die können nicht so viel falsch machen, nicht so viel schuldig bleiben. Und auch das ist sicher: Gott gibt uns dahin an die Folgen unseres Tuns, an die Begierden unseres Herzens (Römer 1,24). Was der Mensch sät, wird er ernten. Die guten und bösen Werke folgen uns nach, und wenn es uns nicht trifft, dann trifft es die Kinder und Enkel, Nachbarn und Freunde.

Wenn wir die Hungernden der Welt nicht bei uns haben wollen, dann müssen wir ihnen helfen, gern in ihren Heimatländern zu bleiben. Weil wir das nicht getan haben, nicht geholfen haben mit zwanzig Mark pro Person, daß sie sich dort ernähren können, müssen wir sie jetzt hier mit sechshundert Mark pro Person ernähren. Das ist gerecht; das ist die Gerechtigkeit, die Gott nicht verhindern wird, sondern die er uns genau an den Hals schafft. Denn Gott ist ja der Urheber der Zeit. Und das hat Luther schon gesagt: »Was ihr nicht aus Einsicht jetzt tut, das fordert euch die Zeit mit Wucherzinsen ab.«

Gott um Vergebung bitten, das rückt mich zurecht in die Erkenntnis, daß ich anvertrautes Gut nutze: Besitz, Ehre, Wissen, Freundschaft. All das ist doch gestaltgewordene Güte Gottes. Wenn ich das alles umwidme auf mich hin und dann um Vergebung bitte, ist das ein Hohn. Das ist genauso, wie wenn ein Sohn das elterliche Auto mit ins Studium nimmt und von unterwegs anruft und um Entschuldigung bittet, aber das Auto nicht zurückbringt. Dieses unser Verkehrtsein soll Gott uns vergeben, damit wir verkehrt bleiben? Das kann nicht unser wahrer Wunsch sein. Vielmehr: Wende mich, Gott, wieder dir zu, schließ mich wieder an deinen Lebensstrom aus Nehmen und Geben, mit einem freudigen Herzen rüste mich aus, vergib mir mein Engsein, und hole mich in deine Weite, vergib mir meine Entschuldigungen aus flauer Feigheit, und lehre mich, einzustehen für gerechteres Miteinander.

Und führe uns nicht in Versuchung

Und führe uns nicht in Versuchung

Ist das ganze Leben nicht Gottes Versuch, seine Macht und seine Liebe zu gestalten? Das Firmament, die leeren Räume, die Gluten der Sterne und die Erde, sein Musterländle, wo er Organismen wachsen und vergehen läßt, kleinste Einzeller und die Gestaltenpracht der tropischen Wälder; und eben die Menschen, in die er Bewußtsein von sich selbst einfließen läßt, die beide Schaffenskräfte Gottes, Macht und Liebe, in sich tragen und ausleben müssen. Bäume bringen Früchte, Tiere vermehren sich, aber der Mensch ist berufen, immer neue Figuren zu gestalten, Muster aus Zusammenspiel von Macht und Liebe.

»Macht ist die Möglichkeit, nach meinem Willen die Dinge zu ordnen. Macht und Besitz gehören zusammen; Besitz ist Werkzeug, sich mehr Macht schaffen zu können.« (Carl Friedrich von Weizsäcker) Liebe aber ist das Wunder, daß das Andere, das Gegenüber meinen Willen ordnet. Macht ist Steinmetzarbeit – Liebe ist Musik.

Macht macht. Liebe läßt das andere gelingen und freut sich und schwingt mit und leidet mit am Leidenkönnen. Ich kann dich leiden, ich leide an dir, mit dir, bis – ja, bis ich zur Macht greife, die Verhältnisse in meinem Sinn geradestellen will. Ich sage vielleicht: In unserem Sinne, verfüge dann aber über den anderen mit. Ich mache mir mein Bild davon, wie was sein soll, und strebe mit Macht, die Verhältnisse in meinem Sinn zu ändern. Die Liebe, dies Wunder, daß ich aus freien Stücken mich verwandeln lasse vom anderen, zerbricht durch meinen Machtgebrauch.

Macht ist nötig. Macht ist ja das Gegenteil von Unfreiheit. Auch Liebe ist das Gegenteil von Unfreiheit, aber »Liebe ist nicht Freiheit, sondern Verbundenheit« (Martin Buber). Wieviel Mühe bringe ich für die Liebe auf – warte, mühe mich, brülle nicht: Ruhe jetzt! oder, in Gesprächsrunden: Bitte lauter!, zische nicht: Jetzt reicht's mir!, schlage nicht um mich, kündige nicht meine Zuwendungen, knalle nicht den Hörer auf, jage nicht in Angst, schließe nicht ein, mich oder andere, erkalte nicht: Ich kann dich nicht mehr sehen.

Lieben heißt: der Versuchung widerstehen, per Macht die Verhältnisse zu ordnen. Und so ist jedes Menschenleben ein dauerndes, wie ein Kaleidoskop sich neu konfigurierendes Konfliktmuster von Macht und Liebe. Und Gott selbst hat diesen Konflikt in sich. »Wir wissen von Gott zwar weniger als die Ameise vom Britischen Museum« (Carl Gustav Jung), und doch – wir müssen ihn ja denken, wir müssen ja den Betreiber der Welt denken, den Grund der Dinge, sonst wäre alles grundlos. Ist nicht die Wirklichkeit das gegenwärtige Versuchsfeld Gottes, seine Macht und seine Liebe zu gestalten, seine Macht in Liebe zu gestalten in Blüten und Kindern, in Brücken und Gedichten? Und Gott selbst ist in Versuchung, mit Macht uns zur Liebe zu zwingen, uns zur Vernunft zu bringen.

Alle großen Katastrophen der Menschheit, von der Sintflut an bis zu den Schrecken des Dritten Reiches, haben wir doch auch gedeutet als Gottes Griff zur Gewalt, um die Menschheit auf Vordermann zu bringen. Und das Alte Testament ist voll von scheinbar frommen Aufforderungen: Steh' auf Gott, strafe die Bösen, züchtige die Gewalttätigen! Eine Verheißung im Lobgesang der Maria heißt geradezu: »Er übt Gewalt mit seinem Arm und zerstreut die Hochmütigen. Er stößt die Gewaltigen vom Thron und erhebt die Niedrigen.« (Lukas 1, 51–52)

Christen halten Jesus für die Inkarnation Gottes: »Fragst du, wer er ist, er heißt Jesus Christ, der Herr Zebaoth, und ist kein anderer Gott«, sagt Luther. An Jesus glauben heißt, Gott so zu glauben, wie er sich in Jesus gibt. Und in Jesus verzichtet Gott auf Macht. Er erzwingt Liebe nicht. Er erträgt die Gewalt und schlägt nicht zurück.

Es spricht so viel dafür, mit Macht die Menschen zur Vernunft zu bringen; ehe sie sich die Köpfe einschlagen, sie mit gezieltem Griff auseinanderzutreiben. Kain und Abel, der Golfkrieg, Jugoslawien – die Versuchung der Macht liegt nahe, dreinzuschlagen mit dem Versprechen einer neuen Weltordnung. Auch Jesus war versucht (Matthäus 4,1–11): Vom Geist in die Wüste geführt, muß er überlegen, wie er Gottes Kind, Gottes Sohn, Gottes Inkarnation sein will. Wie soll er den guten ganzen Gott auf dieser Erde leben, wie soll er ihm Hand und Mund und Ohr sein? Soll er den Mitmenschen Gott aufzwingen, indem er sich vom Tempel stürzt und sanft aufsetzt, also Gott vorführt als Retter? Soll er aus Steinen Brot zaubern; den Hunger, den Zwang zum Notwendigen, die Notlagen abschaffen? Soll er die Macht anbeten, und er könnte alles erzwingen? Er könnte alle Bösen ohnmächtig machen oder sie gleich ganz ausrotten.

Aber wer hätte denn dann noch Lust, das Gute zu tun, weil es schön ist? Und wer ließe der Liebe noch Zeit? Wie kann man Gutes tun, wenn die Liebe nicht treibt? »Wenn ich all mein Habe den Armen gäbe und ließe meinen Leib als Protestfackel brennen und hätte der Liebe nicht, so wäre mir's nichts nütze.« (1. Korinther 13,3)

Auch Jesus war versucht, kurzen Prozeß zu machen und lieber zu leben, als für die Liebe zu sterben. Auch Jesus war versucht, Gott des Verlassens zu zeihen, als er ihn nicht vor dem Kreuz errettete. Gott selbst ist noch versucht, das Böse auszurotten, statt uns vom Bösen zu erlösen. Aber wenn er so ist, wie Jesus war, hält Gott noch an sich, hält uns noch aus. Daß wir noch da sind, ist der Beweis, daß Gott an sich hält, das Böse auszurotten, sonst wären wir alle dahin.

Gott hat uns machtbedürftig und machtvoll gemacht, liebesbedürftig und liebevoll. Wie aber Macht nicht gegen die Liebe einsetzen? Wie Macht für die Liebe einsetzen, ohne diese zu zerstören? Diese Aufgabe gehört mit zum Projekt Reich Gottes. Und diese Augabe, Macht und Liebe zu leben, gehört zu den Konstanten, ohne die wir nicht Mensch, sondern Tier wären. Gott bitten, diese Versuchung von uns fernzuhalten, hieße: bitten, nicht Mensch sein zu müssen. Und tatsächlich: um der Verpflichtung zu entgehen, Macht und Liebe ins eigene Muster zu bringen, fliehen Menschen aus dem Leben, fliehen in Verzicht, in Fühlloswerden, in Drogen, nach Asien. Um nicht wählen zu müssen, um nicht entscheiden zu müssen, bei Papa und Mama Kind bleiben. Um nicht Verantwortung zu übernehmen für mich selbst, lieber gehorchen, der Kirche oder der Firma oder dem Staat oder der kleinen Lustfabrik Ego, erste Person Einzahl. Um nicht den schwierigen Weg zu gehen, der aus Macht und Liebe zu bahnen ist, lieber ohnmächtig und liebelos bleiben, Leben verweigern, Entwicklung verweigern, Schmerzen vermeiden – das ist die tiefste Versuchung, die Versuchung, dem Konfliktfeld Macht und Liebe auszuweichen. Und diese Versuchung ist so verzehrend, so markaussaugend, daß wir nur bitten können, dieser Falle nicht zu verfallen. Diese Falle eines fahlen, schalen, banalen Lebens, dies Wiederkäuen, dies Kreisen einer Schallplatte in der einen Rille »Ich tauge nicht«, dies Sich-Entschuldigen, daß man geboren sei, dies verhuschte Nicht-stören-Wollen, dies Schuldlos-bleiben-Wollen – wen soll ich bitten, mich vor dieser Versuchung zu bewahren?

Diese Versuchung, Leben zu verweigern, ist ein so kolossaler Sinnschwund, so verheerend, daß alle Erzieher und Eltern und Lebensdeuter nicht die letztverantwortlichen Täter sind. Die Schuld an solcher Gottesvergiftung, an solch dämonisch verzerrter Weltsicht, diese Schuld greift weit über die oft so hilflosen Helfer hinaus und zielt auf den Autor des Lebens selbst, geht auf Gottes Konto. Kain geht auf Gottes Konto. Darum quittiert Gott mit seinem Zeichen. Aber Gott ist ja noch mit Einzahlen und Gutmachen beschäftigt. Wieviel Heiligen Geist pumpt er denn tagtäglich in diese Welt? Wie kann es anders zu erklären sein, daß wir uns nicht alle schon umgebracht haben? Daß so viele »Ich bring dich um«-Wünsche nicht in die Tat umgesetzt wurden, geht erst recht auf Gottes Konto.

Sie fragten Jesus (Johannes 9,1–3): Warum ist dieser Mensch blind? Liegt es an ihm oder an seinen Eltern? Hat er gesündigt oder seine Eltern? Und Jesus sagt: Er ist blind, auf daß die heilenden Werke Gottes offenbar werden. – Also auch der Mangel, die Verweigerung, auch die Angst vor Schuld wird von Jesus nicht als Endstation, sondern als Anfang gedeutet, als das Grauen – ja, es ist Grauen, aber das Grauen eines werdenden Morgens. »Das Unglück allein ist noch nicht das ganze Unglück; Frage ist noch, wie man es besteht. Erst wenn man es schlecht besteht, wird es ein ganzes Unglück. Das Glück ist noch nicht das ganze Glück.« (Ludwig Hohl) Alles ist noch ins Werden verwickelt. Alles ist noch Material, das Gott noch knetet zu einem guten Ganzen. Dieser Horizont nach vorn ist doch von Jesus eröffnet. Weder Fürstentümer, Mächte noch Gewalten, weder Gegenwärtiges noch Zukünftiges noch irgendeine andere Kreatur vermag uns zu scheiden von seiner Liebe. Das ist in Jesus offenbar (Römer 8,38–39).

»Führe mich nicht in Versuchung« ist zunächst einmal die Bitte: »Führe du mich in den Versuchungen.« Und das reicht fürs Alltägliche. Solange ich nämlich noch zwischen Macht und Liebe meinen Weg erkämpfe, bin ich noch gehalten von einem fast instinktiven Es-gut-machen-Wollen. Und die Konkurrenz schläft nicht, also ungestraft kann man auf dieser Erde nicht sehr viel Böses hintereinander machen. Dieses den Umständen entsprechend Es-gut-machen-Wollen ist ja schon Gottes Lotsendienst im alltäglichen Gewand. Aber drei Stufen tiefer, wenn uns Leib und Seele verschmachten, dürfen wir bitten: Vater, führe mich nicht in Versuchung, mich von dir aufgegeben zu sehen, so aufgegeben, wie ein sinkendes Schiff zugrunde geht. Gott, führe mich nicht in Versuchung, mich so verneint, verloren, entseelt, von allen guten Geistern verlassen zu sehen.

Die Versuchung ist groß, an Gott zu verzweifeln und auf eigene Faust mein kleines Stückchen Paradies zu erkämpfen oder auf eigene Faust nach meinen Vorstellungen Liebe in die Welt zu zwingen mit Gewalt. Jesus selbst hat es erfahren und die Versuchung bestanden, und er betete und lehrte uns zu beten: Vater, führe uns nicht in Versuchung, an dir irre zu werden.

Wenn uns Gott begraben ist

Uns allen ist es schon ergangen: Aus einem normalen Leben der Absturz in Mühsal und Qual und Erschöpfung und schier endlos die Überforderung und der Schmerz und der Abfluß aller Kraft und völlige Ohnmacht. Und dann vergehende Zeit, Stille und langes Wachen, dann Schlafen und Abklingen und Morgengrauen, zwielichtige Dämmerung, Nachlassen von Schmerz und ein erster Gedanke, es könnte einmal noch ganz anders werden. Und dann so was wie abnehmende Last; du noch ganz gebeugt, noch voll das Gewicht auf dir drückend, aber dir geschieht Aufgerichtetwerden bei abgenommener Last. Und du trittst ins Freie.

Etty Hillesum, eine Holländerin, die in Auschwitz ermordet wurde, schrieb: »Es gibt in mir einen ganz tiefen Brunnen, und darin ist Gott. Manchmal ist er für mich erreichbar, aber oft liegen Steine und Geröll auf dem Brunnen, und dann ist Gott begraben. Dann muß er wieder ausgegraben werden.«

Gott, mir begraben – doch, das haben wir erfahren. Wo Lebensgetrostheit war, glühendes Lebenkönnen, ist jetzt nur Kälte und zitternde Angst. Stechender Schmerz brennt uns den Geist aus, und zerschlagen unter Gewalt werden wir in einen blinden Glauben gezwungen. Ganz Schmerz, werde ich reduziert auf ein Stück Natur, ohne das geringste Stück Freiheit, auch anders sein zu können. Hören und Sehen – vergangen, hoffnungslos, gedankenlos, blicklos; nur fixiert auf diese Gier, daß das aufhöre, sind wir entwürdigt zu einem ausgelieferten Stück Natur. Uns ist auch Gott geraubt. Du, ich, in Fels eingeschlossen. Dann muß mein Selbst und Gott mir wieder ausgegraben werden.

Die Bibel bewahrt zum Glück eine Fülle von Lichtblikken und Finsternissen des Zusammenseins mit Gott. Zeugnisse von Menschen, die den Himmel offen sahen, wechseln mit Klage und Geheul und Flüchen. Die Bibel läßt uns in diesen ganz tiefen Brunnen schauen, darin Gott ist, und bezeugt, wie Gott manchmal erreichbar ist für uns bedürftige und oft so dürftige Menschenkinder. Und dann geht uns die Sonne auf. Das Gutsein und Gutwerden von Leben klingt jubelnd in Lieben und Danken und Friedenstiften. Jesus in Person ist der Glücksgriff

Gottes nach dem Menschen, uns aufrichtend, herrichtend, versöhnend. Aber die Bibel beschreibt auch die Steine, das Geröll vor unserer Herzenstür, unseren Hochmut, unseren Argwohn, unser Wie-Gott-sein-Wollen und zeigt die Todesstreifen, die sich mitten durchs Leben ziehen, das Chaos der Leere und die Willkür der Tyrannen. Gott ist der unerschöpfliche Produzent von Sinn, aber die Sinnformen, die Gott schon gelingen – und jeder von uns ist eine Sinnform –, diese Sinnformen zerfallen durch Tod und Gewalt. Oft ist uns Gott begraben. Dann muß er wieder ausgegraben werden.

Daß das Geheimnis der Welt sich uns auftut, Gott selbst den Stein von des Grabes Tür wälzt, ist in der Geschichte von Jesu Auferstehung wunderbar erzählt. Und in einer ganz anderen Geschichte, tausend Jahre älter schon, wird erzählt, wie Gott sich zu erkennen gibt dem, der im Leid Gott unter Felsen verloren hat (2. Mose 33,12–23):

Mose ist ausgelaugt von den Strapazen der Wüste. Die Israeliten sahen sich aus der Knechtschaft Ägyptens gerettet. Aber das gelobte Land kam und kam nicht. Statt dessen Wüste, Irrgang, Entbehrung. Nach den Gipfeln der Erlösung jetzt die Mühen der Ebenen. Der Jubel der Rettung ist vergessen. Ungeduld, Verzweiflung, Resignation belegen die Herzen. Gott, wo bist du, hast du uns aus der Sklaverei gerettet, um uns in der Wüste verschmachten zu lassen? murrt das Volk. In Ägypten hatten wir Fleischtöpfe und Knoblauch die Fülle. Aber hier? Hat uns Gott an diesen Un-Ort verführt? Und Mose, selbst schwankend zwischen Ohnmacht und Zorn, schleppt sich auf den Berg, wo er schon einmal Gott fand, und schreit: Herr, laß mich Dein Angesicht schauen. Und er hört diese Stimme: Kein Mensch kann mich schauen von Angesicht zu Angesicht, aber siehe, hier ist ein Raum bei mir, da sollst du auf dem Felsen stehen, und wenn meine Herrlichkeit vorübergeht, will ich dich in die Felskluft stellen und meine Hand über dir halten, bis ich vorübergegangen bin. Dann will ich meine Hand von dir tun, und du darfst hinter mir hersehen.

Mose in der Felskluft, als das Bild für alle Bedrängnis, alles Geröll, alle Mühsal, allen Schmerz, eng angepreßt an die kalte Wand. Und Gott verschließt diese Höhlung noch. Die Verlassenheit ist total. Die Finsternis ist von Gott selbst produziert. Gott selbst ist es, der sich den Augen entzieht und doch auch der, der im finsteren Tal bei mir ist (Psalm 23). Doch in der Bedrängnis kann ich nicht mehr unterscheiden zwischen Fels und Hand, zwischen Situation und Gott. Dann ist das finstere Tal Gottes kalte Hand. Bis sich das finstere Tal weitet und mir neue Kräfte kommen und die dunkle Hand Gottes abgetan ist und ich Gott wieder sehen kann, aber nur im nachhinein. Eine Lichtspur zieht er hinter sich her, die Lichtspur des abklingenden Schmerzes, ein Versprechen neuer Gefühle, Verheißung von Freiheit. Hinterher, wenn der Brunnen wieder offen ist, kann uns aufgehen: Was uns die Augen zugehalten, zugedrückt, den Atem zum Stocken gebracht hat, war Gott selbst. An ihm leiden, nicht am Zufall, nicht an leerlaufender Natur, nicht mal letztlich an tyrannischen Menschen, sondern in Gottes Hand sein, auch wenn diese Hand uns kalt scheint wie Fels – das Unglück ist noch Schatten vom Licht. Jesus vor Augen haben meint ja nicht, sich mit einem frommen Abziehbild die Augen zukleben, sondern sich als ein Gerettetwerdender sehen, obwohl ich nichts sehen kann. Es bleibt nicht dunkel über uns, wir verlöschen nicht, sondern werden heimgesucht, werden nach daheim gesucht. Letztlich ist auch der Tod nur der lange Arm Gottes, der uns heimholt, der Tod als Tunnel aus finsterem Tal.

Es bleiben Fragen, Schreie, Zweifel. Warum Gott? Warum so? Aber daß wir nicht ins Leere fragen, das glauben wir dem Jesus nach, und es bleibt alles, was wir tun und erfahren, vorläufig, auch was wir an Gott und Sinn erfahren. Hänsel und Gretel bezeichnen mit Brotkrumen ihren Weg. Brotkrumen sind's, Brotkrumen der Liebe, die wir uns geben können, Spalte von Licht, Anhauchungen von Wärme, Trostworte, Fetzen von Himmel. Noch schreit es in uns: Gott, laß uns dein Angesicht schauen. Doch mit den Worten der ersten Christen: »Es ist noch nicht offenbar, wer wir sein werden. Wir wissen aber, wenn es offenbar wird, werden wir ihm gleich sein.« (1. Johannes 3,2) Dann werden wir ihn sehen »von Angesicht zu Angesicht« (1. Korinther 13,12).

Bis dahin – tun, was wir müssen und können, daß eine Handbreit Zuversicht bei uns bleibt. Aber niemals denken, Gott teste mit dieser Zumutung unsere Liebe; solch eine gedankliche Verirrung macht Gott zur Fratze und stellt ihn sadistischen Vätern gleich, die ihrem Kind die Arme aufhalten und locken: Spring!, sie dann ins Leere fallen lassen, und wenn sie sich mit blutender Nase aufrichten, sie belehren: »Merk dir: Man kann niemandem trauen.« (Gregor von Rezzori) Auch die Geschichte von Isaaks Opferung (1. Mose 22) möchte ich so lesen. Sie beschreibt eine Offenbarung: Von dem Gottesbild, das Menschenopfer, Kindesopfer von Eltern verlangt, wird die Menschheit abgekettet und befreit zu dem Gott, der Zukunft will. Isaaks Opferung ist die Geschichte von der Ablösung des Menschenopfers durch das Tieropfer, das dann auch wieder abgelöst wird durch: »Ich habe Lust an der Liebe und nicht am Opfer, an der Erkenntnis Gottes und nicht am Brandopfer.« (Hosea 6,6)

Mose steigt wieder zu Tal, schwört Israel aufs Durchhalten ein. Und wir, wenn's gewährt ist, gehen wieder an die

Arbeit. – Dazu noch einmal die wunderbare Etty Hillesum: »Ich komme mir vor wie der Behälter für ein Stück kostbares Leben, für das ich die Verantwortung trage. Ich fühle mich verantwortlich für das große und schöne Lebensgefühl in mir, das ich durch diese Zeit hindurch unversehrt in eine bessere Zukunft hinübertragen muß, nur darauf kommt es an.«

Erlöse uns von dem Bösen

Erlöse uns von dem Bösen

Solange wir leben, bleiben wir verwickelt in Böses, es ist ein Jammer. Wir wollten den kleinen Bruder quälen und haben seinem Lieblingskuscheltier die Augen ausgekratzt. Und wenn uns eine List einfiel, um den Nebenbuhler auszutricksen, dann spürten wir Triumphgefühl. Und wenn die Patentante, die uns zum Geburtstag nur mit einer Ansichtskarte bedachte, das Bein gebrochen hat, dann empfanden wir Schadenfreude. Und unsere Steuererklärung frisieren wir gern, und über den Kollegen sagen wir lieber was Böses, und das Zimmer mehr als nötig behalten wir gern, und der Kaffee sollte preiswert sein, auch wenn die Pflücker nur fünfzig Pfennig Stundenlohn dafür bekommen. Und müssen wir etwas bereuen, dann schmerzt uns nicht so sehr das Leid, das wir dem anderen angetan haben, sondern mehr noch die Ungelegenheit, die wir uns selbst einbrockten. Und vergeben tun wir fast nur, wenn es sich lohnt. Und noch das Sterben lassen wir uns sauer werden, weil wir eigentlich uns viel zu schade für den Tod halten, wo es doch anderen noch so gut geht.

Bis in die Tiefenschichten unserer Seele sind wir mit Bosheit durchwachsen, einige vielleicht raffinierter als andere, einige gedämpfter, angepaßter. Aber ich weiß von mir genug, um inständig zu bitten: Erlöse mich von dem Bösen. Martin Luther soll ja gestorben sein mit den Worten: »Wir sind Bettler, das ist wahr.«

Auf uns, auf mich gesehen: ein sattes Knäuel Egoismus, das geschickt genug ist, manchem zu nützen und davon meist auch Nutzen zu haben. Aber ich weiß, es ist nicht mein Verdienst, noch nicht vor Gericht gestanden zu haben und noch nicht im Gefängnis gelandet zu sein, nicht kirchlich beauftragter Verbindungsmensch zur Stasi gewesen zu sein, nicht in eine verhängnisvolle Affäre verstrickt zu sein. Und daß die eigenen Kinder nicht Asylsuchende verfolgen und nicht mit Drogen sich betäuben, ist nur Gnade und kein Verdienst. Und zum Privaten kommt, daß wir verwickelt sind in böse Strukturen: Autofahren, 130 Liter Wasserverbrauch pro Kopf und Tag, und was wir verbrauchen, was ich verbrauche an Papier und Waren und Nahrung aller Art. Eine meiner Definitionen ist jedenfalls auch, daß ich Müllproduzent bin und als DM-Besitzer privilegiert. Die Milliardengewinne der Deutschen Bundesbank kommen auch mir zugute, kaum nehme ich aktiv teil an Politik; keinem Asylsuchenden habe ich Unterkunft besorgt. »Wirklich, ich lebe in finsteren Zeiten! Das arglose Wort ist töricht. Eine glatte Stirn deutet auf Unempfindlichkeit hin. Der Lachende hat die furchtbare Nachricht nur noch nicht empfangen.

Der dort ruhig über die Straße geht, ist wohl nicht mehr erreichbar für seine Freunde, die in Not sind? Es ist wahr: Ich verdiene noch meinen Unterhalt. Aber glaubt mir, das ist nur Zufall. Nichts von dem, was ich tue, berechtigt mich dazu, mich satt zu essen. Zufällig bin ich verschont. Wenn mein Glück aussetzt, bin ich verloren. Man sagt mir: Iß und trink du! Sei froh, daß du hast! Aber wie kann ich essen und trinken, wenn ich dem Hungernden entreiße, was ich esse, und mein Glas Wasser einem Verdurstenden fehlt? Und doch esse und trinke ich.

Ich wäre gern auch weise. In den alten Büchern steht, was weise ist: sich aus dem Streit der Welt halten und die kurze Zeit ohne Furcht verbringen. Aber ohne Gewalt auskommen, Böses mit Gutem vergelten, seine Wünsche nicht erfüllen, sondern vergessen, gilt für weise. Alles das kann ich nicht: Wirklich, ich lebe in finsteren Zeiten!« (Bertolt Brecht)

»Erlöse uns von dem Bösen« ist die dringlichste aller sieben Bitten, auch wenn ich nicht weiß, wie sie erhört werden soll. Aber daß diese Bitte getan werden soll, ist erhellend. Denn weil diese Bitte getan werden soll, sind die Leiden, die mit Leben verbunden sind, nicht banal, nicht Sachzwang, nicht blindes Fatum, nicht unter den Teppich zu Kehrendes, nicht achselzuckend Hinzunehmendes. Sondern die Leiden dieser Erde, das Böse von uns, sind des Schreiens, der Empörung, der Tränen und des Flehens um Erlösung wert.

Und damit wird uns auch der Mund verboten, Gott verteidigen zu wollen etwa mit dem Hinweis, die Ewigkeit himmlischer Freuden werde den hiesigen Jammer leicht aufwiegen. Daß Jesus uns diese Bitte nicht nur freigibt, sondern uns aufgibt, kennzeichnet das Böse als Störung, als Defekt, ja als Katastrophe der Schöpfung. Gerade nicht sagt Jesus: Schluckt runter, beißt die Zähne zusammen, seid tapfer, stört doch Gott nicht. – Er sagt auch nicht: Schaut auf die, die es noch schlimmer haben. – Er sagt auch nicht: Ihr habt doch gar kein Recht auf leidloses Leben. – Jesus spornt uns vielmehr an, Gott als zuständig für die Erlösung vom Bösen zu sehen: Liegt Gott in den Ohren, bittet, suchet, klopfet an bei Gott! So erst ist das Böse wirklich ernst genommen.

Damit rückt Jesus auch allen Idealisten den Kopf zurecht. Wer meint, wir könnten durch sorgfältigere Erziehung und besseres Vorbild und mehr Güte von Mensch zu Mensch die Erlösung vom Bösen bewerkstelligen, der irrt: Nicht wir werden aufgerufen, das Böse zu besiegen. Wir haben genug damit zu tun, am Bösen zu leiden und uns ihm zu unterziehen und die andere Wange auch hinzuhalten, wenn wir es können. Wir haben genug damit zu tun, Leid zu tragen, statt es abzuwälzen. Wir haben genug damit zu tun, die anderen im Leid nicht allein zu lassen und uns vor die Asylbewerberheime als Schutzschilde hinzustellen. Das Leid artikulieren, es erleben, es spüren und um Erlösung flehen, ist unseres. Auch Schmerzen lindern, Böses nicht vermehren, ist unsere Sache, aber Enttäuschung und Erniedrigung und Versagen und Erschöpfung und Verzweiflung sind Bestandteil eines jeden ernstzunehmenden Lebens. Erst wenn wir das wissen, wenn wir dieses Wissen zulassen, erschließt sich das Wunderbare dieses Gebetes.

Gott hängt mit der Ursache der Verzweiflung zusammen. In Verzweiflung hänge ich mit Gott zusammen. Die Nervenenden aller Leidenden vibrieren in Gottes Rückenmark, die Schreie gellen in Gottes Herz. Gott selbst, wie Jesus ihn uns vorlebte, ist aufgerissen von Leid. Er leidet am Bösen und arbeitet es durch. Darum: Gott liegt mit der Welt noch in Wehen.

»Erlöse uns von dem Bösen«, das ist wie ein Anker, den man auswerfen kann auf tobendem Meer, und dieser Anker gibt dem Schiff Halt. Vorn, vor uns Erlösung, vorn ist der Anfang von Heilwerden. Nicht glasharte Verzweiflung, nicht allgemeingültiger Kummer, nicht Mißachtung und Verhöhnung unserer Sehnsucht steht uns bevor, sondern Rettung. Unwiderruflich tröstlich färbt diese Bitte das Leid der Welt und helfe dir und mir, erfindungsreich und duldend dem Leben ein Stück Segen abzugewinnen.

Erlösung von dem Bösen ist mitten unter uns im Anbruch, ist schon im Werden. Ein Beispiel: Unser Wissen verklagt uns. Mein Gewissen weiß, welche blutrünstigen Gedanken ich habe. Ich weiß es von mir, und du weißt es von dir. Das produziert Selbsthaß in uns und Schrei nach Bestrafung. Und wenn uns schon einmal etwas Schlimmes widerfahren ist, dann sagen wir selber, das ist doch die

Strafe für ... Wir suchen Bestrafung. Und wir suchen Entschuldigungen. Das ist der wahre Grund, weshalb wir so scharf darauf sind, daß andere böser sind als wir, daß Bösewichter da sind. Wie lechzen wir danach, daß wieder ein Wohlbekannter einer Unkorrektheit überführt ist! Und wenn in den Medien einer vorgeführt wird, der wirklich Schändliches getan hat, wie dann unsere Empörung aufwallt und wir ihm die Schuld aufbürden, letztlich – damit wir relativ unschuldig dastehen. Doch unser Gewissen weiß (darum doch das Wort »Gewissen«) um uns selber.

Hier im Gewissen hebt die Erlösung an: Ja, du bist auch mies, aber von Gott geliebt. Was alles du auch sein magst, vor allem bist du Gottes Kind. Du gehörst nicht dem Bösen, sondern dem guten Gott. Du bist gehalten von der Liebe. Das erklärt dich für gut, auch mit deinen bösen Seiten.

Glaube ist, nicht mir zu glauben, nicht an den Teufel zu glauben, sondern an Gott, den Liebhaber des Lebens. Und wenn das Böse wie ein Schwindelgefühl dich wegzuschwemmen droht, dann laß dich fallen in diese Bitte: Guter Gott, erlöse uns von dem Bösen.

Dennoch bleibe ich stets an dir, denn du hältst mich

Weißt du dich von Liebe gehalten? Du, ich – wissen wir, ob wir von einem glühenden Verlangen gewollt sind, das mich, dich achtet und hegt? So viele Verneinungen, Verzweiflungen, soviel Gehorsam verlangende Mächte engen unser Selbstbewußtsein ein. Und Angst kommt von Enge. Die Greuel des Mordens – was ist der Mensch – so ausgeliefert an Menschen? Hunger – was ist der Mensch – ausgeliefert an eine verweigernde Natur? Soviel Unfälle, seelisches, körperliches Sich-verloren-Gehen. Kann ich, kannst du dich von Liebe gehalten wissen? Bist du gewollt von einem glühenden Verlangen, das dich selbst sein läßt? Das ist die Frage. Nicht obenhin gestellt als Zusatzfrage, sondern um Sein oder Nichtsein, um Selbst- oder Nichtselbst-sein-Können geht es.

Jesus, der wohl liebevollste, glühendste Mensch, der Gott je gelang, ist qualvoll gestorben. Und dies Aufeinanderprallen von Liebe und Todeswirklichkeit läßt uns die Sinne gefrieren. Keine Theorie macht uns Jesu Sterben verständlich. Auch Jesus selbst hatte kein Rezept, das ihm das Kreuz erklärte. In Qualen werden wir zitterndes, bangendes Fleisch. Uns geht die Welt unter. Und doch, so Jesu innerstes Wissen, fängt uns ein großes Du auf. »Wenn mir gleich Leib und Seele verschmachtet, bist du dennoch meines Herzens Trost und mein Teil« (Psalm 73,26) – das war ihm Lichtstrahl im Bewußtsein. Und könnte es auch uns bleiben oder werden.

Von Anfang an kristallisierte sich unser Selbst aus dieser Gewißheit: Als Säugling, geborgen an der Brust der Mutter, war diese uns die Leinwand Gottes. Wir erlebten uns als »von guten Mächten wunderbar geborgen«. Hinzu kam die Erfahrung eigener Kraft; triumphierend spürten wir: Ich bin wer und kann viel. Sogar Gutes kann durch mich werden: Wenn das Kind Omas trauriges Gesicht zum Lachen bringt, spürt es sein Vermögen, glücklich zu machen. Und im Lauf der Zeit wuchs uns ein Weltbild zu – hoffentlich das erklärte: du geliebt, fähig und nötig.

Mein, dein Selbst kristallisiert sich, wird fest durch Geliebtsein, etwas vermögen, Gutes bewirken, lieben. Alles das sind Begabungen, die ich bestenfalls nutzen, aber nicht produzieren kann. Unser Selbst erbaut sich aus Beschenktsein vom großen Du. Ich-selbst-Sein ist Gottesbeglückung, die uns widerfährt. Daß ich sein darf, ist Ausfluß des grandiosen Güteschatzes, Gott genannt, du, mein Gott.

Wenn uns aber dies »Ich gut – ich selbst« zerbricht, ich mich ungeliebt, ohnmächtig, lieblos empfinde, wenn mir die kleinen Du ausgehen, die Du der Welt, wenn mir die Handgriffe, die Medien, die Farben des großen Du entgleiten, dann bin ich in Gefahr, mit mir selbst zu zerfallen. Und aus Verzweiflung hängen wir uns dann an Ideologien oder Mächtige und singen ihre Lieder. Oder ich putze mich auf mit Protz, ob Bildung oder Verzicht oder Geld, oder ich demütige andere, um mich stark zu wähnen.

Jesus erleidet diese Verzweiflungstaten anderer. Pilatus fühlt, daß Jesus keine Schuld hat, aber zuckt zurück: Du bist des Kaisers Freund nicht mehr, wenn du diesen laufen läßt. Um sich selbst zu retten, verstößt Pilatus. Und die Schriftgelehrten – ihnen entzieht Jesus den Boden ihrer Machtfülle. Ihre Macht leiten sie davon ab, daß sie Gehorsam erzwingen im Namen eines strafenden, rächenden Gottes. Aber Jesus glaubt Gott ganz anders, als heilenden, vergebenden, mütterlichen Grund. Die wahren Frommen müßten also heilen und vergeben und zurechtbringen, statt zu Gericht zu sitzen. Und die Soldaten haben ihre Überzeugung verkauft gegen den Sold. Ich geliebt, gut, das hatten sie vielleicht nie selbst erfahren und glauben können. Darum tun sie Verzweifeltes.

Und Jesus erleidet diese Verzweiflungstaten, zu denen wir Menschen uns getrieben sehen, wenn uns die Pfänder fürs Geliebtsein entwunden werden. Ja, als Pfand, Anbruch, Beleg fürs Geliebtsein vom großen Du sind wir einander gedacht. Aber muß das unabwendbar so sein? Muß unser Selbst zerfallen, wenn die Pfänder fürs Geliebtsein uns entwunden werden? Der Psalmist konnte sagen: »Wenn mir auch Himmel und Erde untergehen und wenn mir gleich Leib und Seele verschmachten, bist Du doch alle Zeit meines Herzens Trost und mein Teil.« (Psalm 73, 25.26) Und das lebte Jesus, dem gab Jesus Hand und Fuß.

Er vertraut der Allmacht Liebe, auch wenn die Liebesbeweise ausgehen. Jesu klebt nicht an den Pfändern der Liebe, eher am Geber und Grund aller Gaben.

Ja, mein Leib ist mir Pfand, gewollt zu sein, der Leib des geliebten Menschen Beleg, Gestalt, Materie, Verkörperung der Liebe. Aber wenn mir der Leib ausgeht, bist du, Liebe, doch allzeit mein Teil, und ich bin Teil dieses Geheimnisses, das die Welt geschehen läßt. Wenn mir mein Selbst, meine Seele verschmachtete und ausdörrte aus Mangel an sinnlicher Erfahrung davon: ich geliebt, ich gut – bist du, großes Du, doch immer noch mein und ich dein.

Diese Vertrauensenergie trug den Jesus in den Tod und hindurch. Er sah sich nicht abgeschnitten von dem, der uns erlösen wird vom Bösen, sah sich verwickelt in eine unendliche, gutwerdende Geschichte. Die bricht jetzt, unter Konflikten und Brüchen, schon an. Leib, Freundschaft, Tatkraft, Brot, Hilfe, heilende Worte sind Lebensmittel vom großen Du, die mir Selbstbewußtsein, Ich-sein-Dürfen schon einspeisen auf dem langen Weg. Und für den Weg, der nicht das Ziel schon ist, reichen wir uns als Gefährten, die die Gefahren teilen; als Genossen, die das Gegönnte genießen; als Kameraden, die die Kammer teilen. Aber wie Adam und Eva argwöhnen wir, Gott, das Leben, könne uns etwas vorenthalten, und so raffen wir, machen uns breit, akzeptieren Grenzen nicht. Oder bleiben uns dem Nächsten, dem Leben schuldig.

Jesus gingen alle Mittel der Liebe aus. Das große Du war auch ihm fast verdunkelt. Aber er sagt ins Schwarze hinein: »Mein Gott.« Er stürzt nicht in Verzweiflung, verflucht sich nicht und andere auch nicht, kauft sich nicht los durch Verrat am Selbst. Er blieb sich treu, blieb dem Leben treu, den Menschen, Gott, dem Ganzen.

Als die Glotzer sagten: »Laß sehen, ob Gott ihm helfe, er hat ja gesagt: Ich bin Gottes Sohn« (Matthäus 27,43), da bittet Jesus um Vergebung für sie: »Vater des Lebens, großes Du, vergib ihnen, sie wissen nicht, was sie dir antun.« (Lukas 23,34) Sie wähnen Gott als Herrscher über allem irgendwo jenseits. Aber Jesus spürt ihn als Liebeswillen in allem. Darum dreht er die Vereinsamten, die Trauernden unterm Kreuz zueinander: Das ist dein Sohn, das ist deine Mutter, das ist deine Frau, das ist dein Mann (nach Johannes 19,27). Und er schickt sich in Gott. Er stirbt mit dem Hoffnungswissen, daß auf dem Grund des Leidensbechers er Gott findet und sich selbst als sein Teil.

Unser Selbst – gehalten, gewollt, getragen, hindurchgerettet durch die Tage und Nächte schwarzen Sturms, endlich erlöst vom Bösen, angenommen in Ehren – dem Jesus nachvertrauen: Ich möchte es gern und du auch.

Denn dein ist
das Reich
und die Kraft
und die
Herrlichkeit
in Ewigkeit.
Amen

Denn Dein ist das Reich und die Kraft und die Herrlichkeit in Ewigkeit. Amen

Wir müssen beten; wir müssen reden zum Wesensgrund. Im Gewissen wissen wir, daß jemand ist, vor dem und von dem ich bin und der herschaut zu mir, der Rechenschaft fordert und Reue annimmt. Im Glück müssen wir uns ausdrücken durch Jubel, im Schmerz müssen wir schreien. Warum? In Freude und Leid drängt's uns über uns hinaus.

Eine Liebe gefunden: Du sprudelst deinen Dank. Den Liebsten verloren: Du weinst dein Leid in Gott hinein. Wir müssen Gott als letzte Adresse für Dank und Klage denken. Und das ist nicht von uns erfunden, sondern das ist in uns hineingelegt. Nicht wir bilden uns Gott ein, sondern wir sind Einbildungen Gottes. Er zwingt sich uns auf, allein schon durch Sprache. Und vor der Sprache war Grunzen und Stöhnen und Wimmern und – Lachen, die Ursprache, die Echo ist auf die Hellhörigkeit des Weltengrundes.

Niemals ist nur der nächstbeste Nächste der letztlich Gemeinte, endgültige Empfänger meines Sprechens. Noch im liebenden Geflüster ist ein Überschuß über die beiden hinaus. Und noch im Bemühen der politisch Wirkenden ist der Kompromiß gesucht, von dem sie hoffen, daß er vor der Zukunft Bestand hat. Und das Wimmern der Verhungernden zielt über jeden Satten hin auf Gott.

Unablässig wird gebetet, verzweifelt und flüchtig, gemessen und einfältig, zitternd oder in Hochsprache, als unaussprechliches Seufzen oder formvollendet in Oratorien, in Kirchen und Gossen, in Gefängnissen und auf Volksfesten, von Asylsuchenden und Polizisten, von Menschenfreunden und Menschenhassern. In Lob und Reue, im Erschaudern, im Kuß, und im letzten Atemzug entringt sich unserer Seele ein Woandershin-Wollen. »Leid, Bosheit, stumme Langeweile, das alles ist der Schlund, aus dem das Bedürfnis zu beten entspringt« (E. M. Cioran), und die schönen Augenblicke, in denen uns Jenseitiges anrührt, sind die Katapulte für unser Salut gen Himmel.

»Beten«, sagt Novalis, »ist der Ausdruck der unendlichen Sehnsucht des endlichen Menschen nach seinem unendlichen Ursprung.« Vielleicht sind ja alle Gräßlichkeiten und Gemeinheiten Verirrungen, Kurzschlüsse der Sehnsucht; alles Anbeten von Menschen oder Sachen zu kurz zielende, vermessene, perverse Gebete, wie das Gegröle grotesk verzerrtes Flehen um Gehör ist und das Saufen die gnadenlose Verlängerung der Stillzeit.

Das Gebet des Jesus ist eigentlich Anleitung für menschliches Maß, welche Würde uns angemessen und zugesprochen ist. Wir: Angesprochene, Gemeinte, wir Gewollte, namentlich Vertraute Gottes. Also nicht zitternder Staub, nicht Grimasse von Ängsten, nicht Seifenblasen, vom Zufall hingehaucht zum Zergehen, sondern wir Vater-unser-beten-Dürfende, also Söhne und Töchter. Damit hebt uns Jesus in eine gerade Linie: Der Allesgeber und du, wir gehören zusammen. Und das Gebet ist eine intensive (aber nicht die einzige) Kommunikation, »Communio«: »cum« und »unio«, mit Eins-Sein.

Wir: seine Schrift, und eben entziffert er dich; wir: sein Spiegelbild, wie splitternd und matt auch immer, er findet sich in uns wieder. Wir: seine Brut, und wenn wir auch wie Nattern an seiner Brust uns gebärden, er wird uns zu sich hinverwandeln. Verlorene Söhne und Töchter – ja, aber am Vaterunser können wir uns nach Hause tasten.

Unser Betenmüssen ist Suchbewegung, die Gott in uns

eingespeist hat, und das Vaterunser die Sprachlehre, nicht die einzige, aber wohl die mit Leben am tiefsten gesättigte, in der Israel die Schmerzen und Hoffnungen, ein Mensch zu sein, vorformulierte und Jesus sie zusammenfaßte.

Geheiligt werde Dein Name von uns
Dein Reich komme zu uns
Dein Wille geschehe durch uns
Unser tägliches Brot für heute gib uns
Vergib unsere Schuld, mach uns zu Vergebenden
Führe uns durch die Versuchungen
Vor allem versuche uns nicht, an Dir irre zu werden
Erlöse uns von dem Bösen –
Denn...

Ja, welchen Grund haben wir, Gott anzurufen? Unser Überdruß an Verzweiflung und der Überschwang an Glück sprengt uns auf, schreit über uns hinaus. Aber ist da einer? Bist du da, Gott, bist du? Ja, auch versteckt hinter allem Wissen, schattenhaft in aller Inbrunst, auch als entbehrter Gott bist du. Bist Horizont der Hoffnung, Schlepptau in die Freiheit, die große Überredung, noch einmal, immer noch einmal dem Haß mit Liebe zu begegnen. Du, verborgen und doch erreichbar, Vater, Mutter, unerschöpflich. Und wir sind Fische im Meer, die das Wasser suchen. Du Unbegreiflicher trägst uns, leidest mit uns und bahnst uns Zukunft an, denn dein ist das Reich. – Zuerst das vorhandene, das schwierige, das endliche, das auf Selbsterhaltung und Genuß angelegte und so gefährdete, weil von unserer Gier bedrohte Zeit-Reich. Auch dies ist umzirkelt von deiner Zuständigkeit. Du belädst dich mit uns Schwierigen, verminderst deine Allmacht, weil du uns so sein läßt. Du liebst das Leben, du reichst bis unter die Graswurzel, du trägst in allen Tragenden, du kommst in jedem Augenblick, jede Sekunde ist ein Takt deines seienden und werdenden Reiches. Weil du bist, sind wir nicht

Abrisse des Nichts, sondern deine Anfänge, deine offenen Enden; weil du uns mit Namen nennst, ist jeder er selbst, von dir in Ewigkeit qualifiziert. Dein Wille ist's, der möchte, daß wir sind, und zwar als Teilhaber deiner Freude. So ist unsere wesentliche Identität nicht aus Familie, Volk, Besitz, nicht aus diesem oder jenem Beruf, sondern unser Personalausweis lautet auf Reich Gottes. Vaterland: Reich Gottes. Muttersprache: Gottes Ja-Worte, die wir einander stammeln.

Wir rufen dich an, sehen uns als von dir Aufgerufene, rufen dich zu uns, rufen uns vor dich hin, nehmen uns ins Gebet vor dir, um gottvoll zu wünschen, befeuert vom Heiligen Geist zu bitten. Denn dein ist die Kraft, die das sprühende Wachsen der Galaxien macht und das Krümmen des Regenwurmes, die Kraft immer neuer materieller Muster und Figuren in Schneeflocken und Vogelflug und Daumenabdruck. Dein ist die Kraft, die Artenwandel und Evolution zustande kommen läßt. Dein ist die Kraft der Mütter, der Kinder, der Männer, die Kraft der genialen Leistungen von begnadeten Menschen. Sauerteig deines Schöpfertums. Dein ist die Kraft, die aber auch als blinde Naturgewalt vernichtet und zerstört in verblendeten Menschen. Dein ist die Kraft im Werden und Vergehen der Lebenspartituren. Du blickst uns durch die Realitäten ins Auge und erntest uns mittels des Todes.

Du bist »Sonne und Schild« (Psalm 84,12). Die Sonne aller Sonnen, die Energie, die die Sonnen leuchten macht. Und Schild, Schutz, Behütung vor den schrecklichen Ängsten, daß es endgültig Nacht um mich bliebe. Dein ist die Kraft der Bejahung. Gott, du glaubst an mich. Das macht mich wert. Für dich unersetzlich, das macht mich zu mir selbst.

Dein ist die Herrlichkeit. Du schimmerst in den Sinn-Oasen unseres Lebens, und aller Glanz dieser Erde ist Vibrieren Deiner Corona. Alles Jauchzen sind Noten deines Hymnus, des Hymnus auf dich großen Ganzen. Aus dem Mund der unmündigen Säuglinge bereitest du dir Herrlichkeit (Psalm 8,3). Und die Strahlen, in denen du strahlst, erscheinen in den Gesichtern der Menschen.

Dein ist die sinnliche Freude, die Ehre allen Gelingens, dein sind die Harmonien und die Schönheit, dein das Wachsen des Saatkorns zur Frucht, die reifen Birnen. Dein sind die Träume und dein noch Ungeträumtes, nicht Ausgewickeltes; dein auch unser Sehnen und Gieren, die Wonnen unserer Poren, der Segen aller Gunst, die wir einander gönnen. Dein ist die Gloriole, die über jedem mutigen, liebenden Menschen ist und über jedem Bedürftigen.

Du, der Allfühlende, das Lebensmittel von uns allen, das »einzige Abenteuer, in das es sich zu stürzen lohnt« (Nicolás Gómez Dávila). Du gibt uns den Wunsch nach dir, gerade angesichts des Bösen auf der Welt. »Weil das Böse ist, muß Gott sein«, sagt Thomas von Aquin. Sonst wären wir aus vor Angst. Vielleicht liegt das Böse wie ein Sandkorn noch in dir, Gott, du Weltmuschel, und wird zur Perle verwandelt, verdaut von dir – auf daß du seist alles in allem (1. Korinther 15,28).

Ach, du Herz aller Dinge, das uns zum Ichsein ruft, groß und frei und liebesfähig und demütig. Du Herd unseres Existierens, an den noch kein Mensch trat, bleibst unausgelöscht. Du Vater unser in Ewigkeit. Amen.

Der Autor

Traugott Giesen wurde 1940 in Bonn geboren. Er ist verheiratet und hat zwei Töchter. Zehn Jahre war er Pastor in Berlin-Neukölln. Seit 1976 ist Traugott Giesen Pastor an der St. Severin Kirche in Keitum auf Sylt.

Radius-Bücher des Autors:
Gott liebt Dich und braucht Dich. 366 Worte zum Weiterleben. 192 Seiten, gebunden.
Leben mit Lust und Liebe. Meine Zeit in Deinen Händen. 180 Seiten, gebunden.
Schmerzlich – schön – wunderbar. Alltagsglaube in neunzig Kolumnen. 212 Seiten, gebunden.
glauben heilt. Energien aus dem Glaubensbekenntnis. 176 Seiten, gebunden.
Christsein praktisch. 100 Proben Glaubensmut. 224 Seiten, gebunden.
Vater unser in Ewigkeit. Amen. 42 An-Reden. 200 Seiten, gebunden.
Das Licht geht nach und nach über das Ganze auf. Gebete. 128 Seiten, gebunden.

Lieferbare Radius-Bücher (eine Auswahl)

Heinrich Albertz: **Bremer Predigten.** 100 S., br.
Heinrich Albertz (Hrsg.): **Die Zehn Gebote.** Eine zwölfbändige Reihe. 108–160 S., br.
Jürgen Brodwolf: **Stätten und Stationen.** 176 S., Fr. Br.
Jürgen Brodwolf/Peter Härtling: **Zwanzig Transparentblätter/Fünfzehn Gedichte.** 120 S., geb.
Ingeborg Drewitz: **Junge Menschen messen ihre Erwartungen aus...** 80 S., br.
Wolfgang Erk (Hrsg.): **Briefe von Brodwolf.** Sechzig Malbriefe aus 30 Jahren. 152 S., geb.
Wolfgang Erk (Hrsg.): **Für Christoph Eschenbach.** Eine Festgabe. 152 S., br.
Wolfgang Erk (Hrsg.): **Für diesen Tag und für alle Tage Deines Lebens.** Ein Brevier. 128 S., geb.
Wolfgang Erk (Hrsg.): **Hoffnungstexte.** Ermutigungen für jeden Tag. 240 S., br.
Richard Exner: **Ein Sprung im Schweigen.** Gedichte. 160 S., geb.
Iring Fetscher: **Toleranz.** 98 S., br.
Iring Fetscher: **Utopien, Illusionen, Hoffnungen.** 312 S., br.
Joachim Garstecki: **Zeitansage Umkehr.** 160 S., br.
Werner Geist: **Vom Wert des Menschen.** 332 S., geb.
Traugott Giesen: **Christsein praktisch.** 100 Proben Glaubensmut. 224 S., geb.
Traugott Giesen: **glauben heilt.** 176 S., geb.
Traugott Giesen: **Gott liebt Dich und braucht Dich.** 192 S., geb.
Traugott Giesen: **Leben mit Lust und Liebe.** 180 S., geb.
Traugott Giesen: **Das Licht geht nach und nach über das Ganze auf.** Gebete. 128 S., geb.
Traugott Giesen: **Schmerzlich – schön – wunderbar.** 212 S., geb.
Traugott Giesen: **Vater unser in Ewigkeit. Amen.** 42 An-Reden. 200 S., geb.
Helmut Gollwitzer: **Argumente.** 128 S., br.
Helmut Gollwitzer/Marquardt/Schulze: **...aus der Sklaverei befreit.** 128 S., br.
Janet und Paul Gotkin: **Zuviel Zorn, zu viele Tränen.** 288 S., br.
Hannah Green: **Aus freien Stücken.** 312 S., br.
Hannah Green: **Ich hab dir nie einen Rosengarten versprochen.** 240 S., geb.
Hannah Green: **Wenn es Sommer wird.** 210 S., br.
Harald Gröhler: **Tetzner.** Eine Weihnachtsnovelle. 96 S., br.
Harald Gröhler: **Das verdoppelte Diesseits.** Gedichte. 100 S., geb.
Gustav-Heinemann-Initiative: **Deutschland wohin?** 100 S., br.
Peter Härtling: **Brüder und Schwestern.** 80 S., br.
Peter Härtling: **Für Ottla.** 40 S., geb.
Peter Härtling (Hrsg.): **Fundevögel.** Für Kinder von neun bis neunzig. 320 S., geb.
Peter Härtling: **Noten zur Musik.** 80 S., geb.
Peter Härtling (Hrsg.): **Textspuren.** Konkretes und Kritisches zur Kanzelrede. 8 Bände. Je ca. 260 S., br.
Peter Härtling: **Und hören voneinander.** 112 S., br.
Peter Härtling: **Zueignung.** 100 S., geb.
Peter Härtling: **Fünfzehn Gedichte.** s. Brodwolf/Härtling
Peter Härtling/Arnulf Rainer: **Engel – gibt's die?** 28 Gedichte und 30 Übermalungen. 112 S., geb.
Titus Häussermann (Hrsg.): **Ingeborg Drewitz.** Materialien. 180 S., br.
Leo Hartmann: **»... bis über die letzte Schwelle«.** Traumreisen. 144 S., br.
Gunnar Hasselblatt: **Äthiopien am Rande des Friedens.** 144 S., br.
Gunnar Hasselblatt (u. a.): **Das geheime Lachen im Bambuswald.** 158 S., br.
Gunnar Hasselblatt: **Die Idylle der Despoten.** 128 S., br.
Gunnar Hasselblatt: **Leben und Sterben im Oromoland.** 128 S., br.
Gunnar Hasselblatt: **Nächstes Jahr im Oromoland.** 152 S., br.
Karl Herbert: **Kirche zwischen Aufbruch und Tradition.** 408 S., geb.
Klaus-Peter Hertzsch: **Der ganze Fisch war voll Gesang.** 80 S., br.
Klaas Huizing: **Oberreit oder: Der Gesichtsleser.** Ein physiognomischer Roman. 120 S., geb.
Hans Norbert Janowski: **Das Wichtigste in Kürze.** 80 S., br.
Walter Jens: **Am Anfang: Das Wort.** Das Johannes-Evangelium. 120 S., br.
Walter Jens: **Das A und das O.** Die Offenbarung des Johannes. 96 S., br.
Walter Jens (Hrsg.): **Assoziationen.** Gedanken zu biblischen Texten. 8 Bände. Je 210–260 S., br.
Walter Jens: **Ein Jud aus Hechingen.** Requiem für Paul Levi. 60 S., br.
Walter Jens: **Juden und Christen in Deutschland.** 128 S., br.
Walter Jens: **Roccos Erzählung.** 40 S., geb.
Walter Jens: **Und ein Gebot ging aus.** Das Lukas-Evangelium. 160 S., br.
Walter Jens: **Das weiße Taschentuch.** 32 S., geb.
Walter Jens: **Die Zeit ist erfüllt. Die Stunde ist da.** Das Markus-Evangelium. 96 S., br.

Maria Jepsen: **Unten bleiben.** Reden einer Bischöfin. 176 S., geb.
Aurel von Jüchen: **Jesus Christus und die Tabus der Zeit.** 144 S., br.
Otto Kaiser: **Ideologie und Glaube.** 160 S., br.
Christoph Klimke: **Der Test oder: Chronik einer veruntreuten Seele.** Erzählung. 96 S., geb.
Paul Krauß: **Der ersehnte Tod.** 112 S., br.
Jo Krummacher: **WachZweige.** 80 S., br.
Jo Krummacher / Hendrik Hefermehl: **Ratgeber für Kriegsdienstverweigerer.** 240 S., br.
Günter Kunert (Hrsg.): **Dichter predigen.** 168 S., br.
Dieter Lattmann: **Die verwerfliche Alte.** Eine Geschichte aus unserer Zeit. 192 S., geb.
Klaus Lefringhausen: **Wirtschaftsethik im Dialog.** 216 S., br.
Inge Leitz (Hrsg.): **frauen stimmen**. Für Hildegard Zumach. 200 S., Engl. Br.
Hans Lenk: **MitterNachtsSonnenEnde.** 140 S., br.
Hans Lenk: **Prometheisches Philosophieren.** 160 S., br.
Hans Lenk: **Tagebuch einer Rückreise.** 128 S., br.
Winfried Leuprecht: **Der Versuch, aufrecht zu stehen.** 140 S., geb.
Martin Lotz: **Evangelische Kirche 1945–1952.** Die Deutschlandfrage. 208 S., geb.
Henning Luther: **Frech achtet die Liebe das Kleine.** 128 S., br.
Henning Luther: **Religion und Alltag.** Zu einer Praktischen Theologie des Subjekts. 336 S., br.
Kurt Marti: **geduld und revolte. die gedichte am rand.** 100 S., br.
Kurt Marti: **Die gesellige Gottheit.** 100 S., geb.
Kurt Marti: **Gottesbefragung.** 180 S., br.
Kurt Marti: **Herausgehoben.** 196 S., br.
Kurt Marti: **Lachen, Weinen, Lieben.** 128 S., br.
Kurt Marti: **O Gott!** 210 S., br.
Kurt Marti: **Paraburi.** 60 S., br.
Kurt Marti: **Die Psalmen Davids.** Annäherungen. 192 S., br.
Kurt Marti: **Die Psalmen 42–72.** Annäherungen. 160 S., br.
Kurt Marti: **Die Psalmen 73–106.** Annäherungen. 192 S., br.
Kurt Marti: **Die Psalmen 107–150.** Annäherungen. 196 S., br.
Kurt Marti: **Red' und Antwort.** 128 S., br.
Kurt Marti: **Die Riesin.** Roman. 144 S., geb.
Kurt Marti: **Schöpfungsglaube.** 100 S., br.
Kurt Marti: **Ungrund Liebe.** 60 S., br.
Gerhard Marcel Martin: **Vogel-frei.** Drehmomente der Christus-Begegnung. 152 S., br.
Gerhard Marcel Martin: **Werdet Vorübergehende.** 200 S., br.
A. M. Klaus Müller: **Leid – Glaube – Vernunft.** 96 S., br.
A. M. Klaus Müller: **Die präparierte Zeit.** 672 S., geb.
A. M. Klaus Müller: **Das unbekannte Land. Konflikt-Fall Natur.** 600 S., geb.
Leonie Ossowski: **Das Zinnparadies.** 64 S., geb.
Marietta Peitz: **Die bunte Wirrnis der Dinge.** 160 S., geb.
Marietta Peitz: **Ein fremdes Herz im Schwarm.** 120 S., geb.
Marietta Peitz: **Gotteszahl und Tageseinmaleins.** 128 S., geb.
Marietta Peitz: **Grün, wie lieb ich dich grün.** 128 S., geb.
Marietta Peitz: **Ich sollte Lilien pflanzen, ehe ich gehe.** 120 S., geb.
Marietta Peitz: **Rufus.** 180 S., geb.
Marietta Peitz: **Sindhu, Tashi & Co.** Ein Hundetagebuch. 96 S., geb.
DAS PLATEAU. Die Zeitschrift im Radius-Verlag. 6x jrl., je 48 S., Klappenbr.
RADIUS-Almanach. Fünfzehn Ausgaben. Jeweils 64 bis 160 Seiten, Engl. Br.
Hildegard und Fritz Ruoff: **Blicke und Bilder.** 2 Bände im Schuber br.
Hans Joachim Schädlich (Hrsg.): **Dichter predigen in Schleswig-Holstein.** 96 S., br.
Ulrich Schmidhäuser: **Entfeindung.** 92 S., br.
Ulrich Schmidhäuser: **Soll »Gott« nicht mehr »Herr« genannt werden?** 148 S., br.
Volker Sommer: **Yeti.** 48 S., geb.
Lothar Steiger: **Von wahrer und falscher Resignation.** Predigten in Nachmärz 1990–1993. 136 S., geb.
Iwan S. Turgenjew: **Mumu.** Neu übersetzt u. mit einem Nachwort von Rolf-Dietrich Keil. 88 S., geb.
Heinrich Vogel: **Gesammelte Werke.** 12 Bände, geb. (Sonderprospekt)
Angelika Vonier: **Nicht geboren, ich zu sagen.** Biblische FrauenGeschichten. 140 S., geb.
Hanna Wolff: **Der eigene Weg.** 120 S., br.
Hanna Wolff: **Jesus als Psychotherapeut.** 180 S., br.
Hanna Wolff: **Jesus der Mann.** 200 S., br.
Hanna Wolff: **Neuer Wein – Alte Schläuche.** 240 S., br.

Im Radius-Verlag · Kniebisstraße 29 · 70188 Stuttgart